COLLECTION MICHEL LÉVY

LA VIE ET LA MORT
DU CAPITAINE RENAUD
ou
LA CANNE DE JONC

CHEZ LES MÊMES ÉDITEURS

ŒUVRES COMPLÈTES

DU COMTE

ALFRED DE VIGNY

Format in-8

CINQ-MARS. Avec authographes de Richelieu et de Cinq-Mars....................	1 vol.
LES DESTINÉES. Poëmes philosophiques.........	1 —
POÉSIES COMPLÈTES.....................	1 —
SERVITUDE ET GRANDEUR MILITAIRES..........	1 —
STELLO............................	1 —
THÉATRE COMPLET.....................	1 —

POISSY. — TYP. ET STÉR. DE A. BOURET.

LA VIE ET LA MORT

DU

CAPITAINE RENAUD

OU

LA CANNE DE JONC

— SOUVENIRS DE GRANDEUR MILITAIRE —

PAR LE COMTE

ALFRED DE VIGNY

NOUVELLE ÉDITION

PARIS

MICHEL LÉVY FRÈRES, LIBRAIRES ÉDITEURS

RUE VIVIENNE, 2 BIS, ET BOULEVARD DES ITALIENS, 15

A LA LIBRAIRIE NOUVELLE

—

1867

Droits de reproduction et de traduction réservés

LA VIE ET LA MORT

DU

CAPITAINE RENAUD

OU

LA CANNE DE JONC

I

Que de fois nous vîmes ainsi finir par des accidents obscurs de modestes existences qui auraient été soutenues et nourries par la gloire collective de l'Empire [1] !

[1]. V. *La Veillée de Vincennes.*

Notre armée avait recueilli les invalides de la Grande Armée, et ils mouraient dans nos bras en nous laissant le souvenir de leurs caractères primitifs et singuliers. Ces hommes nous paraissaient les restes d'une race gigantesque qui s'éteignait homme par homme et pour toujours. Nous aimions ce qu'il y avait de bon et d'honnête dans leurs mœurs; mais notre génération, plus studieuse, ne pouvait s'empêcher de surprendre parfois en eux quelque chose de puéril et d'un peu arriéré que l'oisiveté de la paix faisait ressortir à nos yeux. L'Armée nous semblait un corps sans mouvement. Nous étouffions enfermés dans le ventre de ce cheval de bois qui ne s'ouvrait jamais dans aucune Troie. Vous vous en souvenez, vous, mes Compagnons, nous ne cessions d'étudier les Commentaires de César, Turenne et Frédéric II, et nous lisions sans cesse la vie de ces généraux de la République si purement épris de la gloire; ces héros candides et pauvres comme Marceau, Desaix et Kléber, jeunes gens de vertu antique ; et après avoir examiné leurs manœuvres de guerre et leurs campagnes, nous tombions dans une amère tristesse en mesurant notre destinée à la leur, et en calculant que leur élévation était devenue telle parce qu'ils avaient mis le pied tout d'abord, et à vingt ans, sur le haut de cette échelle de grades dont chaque degré nous coûtait huit ans à gravir. Vous que j'ai tant vu souffrir des langueurs et des dégoûts de la Servitude militaire, c'est pour vous surtout que j'écris ce livre. Aussi, à côté de ces souvenirs où j'ai montré quelques traits de ce qu'il y a de bon et d'honnête dans les armées, mais où j'ai détaillé quelques-unes des petitesses pénibles de cette vie, je veux placer les souvenirs qui peuvent relever nos fronts par la recherche et la considération de ses grandeurs.

La Grandeur guerrière, ou la beauté de la vie des armes, me semble être de deux sortes : il y a celle du commandement et celle de l'obéissance. L'une, tout extérieure, active, brillante, fière, égoïste, capricieuse, sera de jour en jour plus rare et moins désirée, à mesure que la civilisation deviendra plus pacifique; l'autre, tout intérieure, passive, obscure, modeste, dévouée, persévérante, sera chaque jour plus honorée; car, aujourd'hui que dépérit l'esprit des conquêtes, tout ce qu'un caractère élevé peut apporter de grand dans le métier des armes me paraît être moins encore dans la gloire de combattre que dans l'honneur de souffrir en silence et d'accomplir avec constance des devoirs souvent odieux.

Si le mois de juillet 1830 eut ses héros, il eut en vous ses martyrs, ô mes braves Compagnons! — Vous voilà tous à présent séparés et dispersés. Beaucoup parmi vous se sont retirés en silence, après l'orage, sous le toit de leur famille; quelque pauvre qu'il fût, beaucoup l'ont préféré à l'ombre d'un autre drapeau que le leur. D'autres ont voulu chercher leurs fleurs-de-lis dans les bruyères de la Vendée, et les ont encore une fois arrosées de leur sang; d'autres sont allés mourir pour des rois étrangers; d'autres, encore saignants des blessures des trois jours, n'ont point résisté aux tentations de l'épée : ils l'ont reprise pour la France, et lui ont encore conquis des citadelles. Partout même habitude de se donner corps et âme, même besoin de se dévouer, même désir de porter et d'exercer quelque part l'art de bien souffrir et de bien mourir.

Mais partout se sont trouvés à plaindre ceux qui n'ont pas eu à combattre là où ils se trouvaient jetés. Le combat est la vie de l'armée. Où il commence, le rêve devient réalité, la science devient gloire et la Servitude service. La guerre console par son éclat des peines inouïes que la léthargie de la paix cause aux esclaves de l'Armée; mais, je le répète, ce n'est pas dans les combats que sont ses plus pures grandeurs. Je parlerai de vous souvent aux autres; mais je veux une fois, avant de fermer ce livre, vous parler de vous-mêmes, et d'une vie et d'une mort qui eurent à mes yeux un grand caractère de force et de candeur.

II

UNE NUIT MÉMORABLE

II

UNE NUIT MÉMORABLE

La nuit du 27 juillet 1830 fut silencieuse et solennelle. Son souvenir est, pour moi, plus présent que celui de quelques tableaux plus terribles que la destinée m'a jetés sous les yeux. — Le calme de la terre et de la mer devant l'ouragan n'a pas plus de majesté que n'en avait celui de Paris devant la révolution. Les boulevards étaient déserts. Je marchais seul, après minuit, dans toute leur longueur, regardant et écoutant attentivement. Le ciel pur étendait sur le sol la blanche lueur de ses étoiles ; mais les maisons étaient éteintes, closes et comme mortes. Tous les réverbères des rues étaient brisés. Quelques groupes d'ouvriers s'assemblaient encore près des arbres, écoutant un orateur mystérieux qui leur glissait des paroles secrètes à voix basse. Puis ils se séparaient en courant, et se jetaient dans des rues étroites et noires. Ils se collaient contre des petites portes d'allées qui s'ouvraient comme des trappes et se refermaient sur eux. Alors rien ne remuait plus, et la ville semblait n'avoir que des habitants morts et des maisons pestiférées.

On rencontrait, de distance en distance, une masse sombre, inerte, que l'on ne reconnaissait qu'en la touchant : c'était un bataillon de la Garde, debout, sans mouvement, sans voix. Plus loin, une batterie d'artillerie surmontée de ses mèches allumées, comme de deux étoiles.

On passait impunément devant ces corps imposants et sombres, on tournait autour d'eux, on s'en allait, on revenait sans en recevoir une question, une injure, un mot. Ils étaient inoffensifs, sans colère, sans haine; ils étaient résignés et ils attendaient.

Comme j'approchais de l'un des bataillons les plus nombreux, un officier s'avança vers moi avec une extrême politesse, et me demanda si les flammes que l'on voyait au loin éclairer la porte Saint-Denis ne venaient point d'un incendie; il allait se porter en avant avec sa compagnie pour s'en assurer. Je lui dis qu'elles sortaient de quelques grands arbres que faisaient abattre et brûler des marchands, profitant du trouble pour détruire ces vieux ormes qui cachaient leurs boutiques. Alors, s'asseyant sur l'un des bancs de pierre du boulevard, il se mit à faire des lignes et des ronds sur le sable avec une canne de jonc. Ce fut à quoi je le reconnus, tandis qu'il me reconnaissait à mon visage. Comme je restais debout devant lui, il me serra la main et me pria de m'asseoir à son côté.

Le capitaine Renaud était un homme

d'un sens droit et sévère et d'un esprit très-cultivé, comme la Garde en renfermait beaucoup à cette époque. Son caractère et ses habitudes nous étaient fort connus, et ceux qui liront ces souvenirs sauront bien sur quel visage sérieux ils doivent placer son nom de guerre donné par les soldats, adopté par les officiers et reçu indifféremment par l'homme. Comme les vieilles familles, les vieux régiments, conservés intacts par la paix, prennent des coutumes familières et inventent des noms caractéristiques pour leurs enfants. Une ancienne blessure à la jambe droite motivait cette habitude du capitaine de s'appuyer toujours sur cette *canne de jonc*, dont la pomme était assez singulière et attirait l'attention de tous ceux qui la voyaient pour la première fois. Il la gardait partout et presque toujours à la main. Il n'y avait, du reste, nulle affectation dans cette habitude : ses manières étaient trop simples et sérieuses. Cependant on sentait que cela lui tenait au cœur. Il était fort honoré dans la Garde. Sans ambition et ne voulant être que ce qu'il était, capitaine de grenadiers, il lisait toujours, ne parlait que le moins possible et par monosyllabes. — Très-grand, très-pâle et de visage mélancolique, il avait sur le front, entre les sourcils, une petite cicatrice assez profonde, qui souvent, de bleuâtre qu'elle était, devenait noire, et quelquefois donnait un air farouche à son visage habituellement froid et paisible.

Les soldats l'avaient en grande amitié; et surtout dans la campagne d'Espagne, on avait remarqué la joie avec laquelle ils partaient quand les détachements étaient commandés par la *Canne-de-Jonc*. C'était bien véritablement la *Canne-de-Jonc* qui les commandait; car le capitaine Renaud ne mettait jamais l'épée à la main, même lorsque, à la tête des tirailleurs, il approchait assez l'ennemi pour courir le hasard de se prendre corps à corps avec lui.

Ce n'était pas seulement un homme expérimenté dans la guerre, il avait encore une connaissance si vraie des plus grandes affaires politiques de l'Europe sous l'Empire, que l'on ne savait comment se l'expliquer, et tantôt on l'attribuait à de profondes études, tantôt à de hautes relations fort anciennes, et que sa réserve perpétuelle empêchait de connaître.

Du reste, le caractère dominant des

hommes d'aujourd'hui, c'est cette réserve même, et celui-ci ne faisait que porter à l'extrême ce trait général. A présent, une apparence de froide politesse couvre à la fois caractère et actions. Aussi je n'estime pas que beaucoup puissent se reconnaître aux portraits effarés que l'on fait de nous. L'affectation est ridicule en France plus que partout ailleurs, et c'est pour cela, sans doute, que, loin d'étaler sur ses traits et dans son langage l'excès de force que donnent les passions, chacun s'étudie à renfermer en soi les émotions violentes, les chagrins profonds ou les élans involontaires. Je ne pense point que la civilisation ait tout énervé, je vois qu'elle a tout masqué. J'avoue que c'est un bien, et j'aime le caractère contenu de notre époque. Dans cette froideur apparente il y a de la pudeur, et les sentiments vrais en ont besoin. Il y entre aussi du dédain, bonne monnaie pour payer les choses humaines. — Nous avons déjà perdu beaucoup d'amis dont la mémoire vit entre nous; vous vous les rappelez, ô mes chers Compagnons d'armes! Les uns sont morts par la guerre, les autres par le duel, d'autres par le suicide; tous hom-

voix basse, elle les eût pris en mépris ; et pourtant ils ont vécu et sont morts, vous le savez, en hommes aussi forts que la nature en produisit jamais. Les Caton et les Brutus ne s'en tirèrent pas mieux, tout porteurs de toges qu'ils étaient. Nos passions ont autant d'énergie qu'en aucun temps ; mais ce n'est qu'à la trace de leurs fatigues que le regard d'un ami peut les reconnaître. Les dehors, les propos, les manières ont une certaine mesure de dignité froide qui est commune à tous, et dont ne s'affranchissent que quelques enfants qui se veulent grandir et faire valoir à toute force. A présent, la loi suprême des mœurs, c'est la Convenance.

Il n'y a pas de profession où la froideur des formes du langage et des habitudes contraste plus vivement avec l'activité de la vie que la profession des armes. On y pousse loin la haine de l'exagération, et l'on dédaigne le langage d'un homme qui cherche à outrer ce qu'il sent ou à attendrir sur ce qu'il souffre. Je le savais, et je me préparais à quitter brusquement le capitaine Renaud, lorsqu'il me prit le bras et me retint.

— Avez-vous vu ce matin la manœuvre

des Suisses? me dit-il ; c'était assez curieux. Ils ont fait le *feu de chaussée en avançant* avec une précision parfaite. Depuis que je sers, je n'en avais pas vu faire l'application : c'est une manœuvre de parade et d'Opéra; mais, dans les rues d'une grande ville, elle peut avoir son prix, pourvu que les sections de droite et de gauche se forment vite en avant du peloton qui vient de faire feu.

En même temps il continuait à tracer des lignes sur la terre avec le bout de sa canne; ensuite il se leva lentement; et comme il marchait le long du boulevard, avec l'intention de s'éloigner du groupe des officiers et des soldats, je le suivis, et il continua de me parler avec une sorte d'exaltation nerveuse et comme involontaire qui me captiva, et que je n'aurais jamais attendue de lui, qui était ce qu'on est convenu d'appeler un homme froid.

Il commença par une très-simple demande, en prenant un bouton de mon habit :

— Me pardonnerez-vous, me dit-il, de vous prier de m'envoyer votre hausse-col de la Garde royale, si vous l'avez conservé ? J'ai laissé le mien chez moi, et je ne puis l'envoyer chercher ni y aller moi-même, parce qu'on nous tue dans les rues comme des chiens enragés ; mais depuis trois ou quatre ans que vous avez quitté l'armée, peut-être ne l'avez-vous plus. J'avais aussi donné ma démission il y a quinze jours, car j'ai une grande lassitude de l'armée ; mais avant-hier, quand j'ai vu les ordonnances, j'ai dit : On va prendre les armes. J'ai fait un paquet de mon uniforme, de mes épaulettes et de mon bonnet à poil, et j'ai été à la caserne retrouver ces braves gens-là qu'on va faire tuer dans tous les coins, et qui certainement auraient pensé, au fond du cœur, que je les quittais mal et dans un moment de crise; c'eût été contre l'Honneur, n'est-il pas vrai, entièrement contre l'Honneur?

— Aviez-vous prévu les ordonnances, dis-je, lors de votre démission?

— Ma foi, non! je ne les ai pas même lues encore.

— Eh bien! que vous reprochiez-vous?

— Rien que l'apparence, et je n'ai pas voulu que l'apparence même fût contre moi.

— Voilà, dis-je, qui est admirable!

— Admirable ! admirable ! dit le capitaine Renaud en marchant plus vite, c'est le mot actuel ; quel mot puéril ! Je déteste l'admiration ; c'est le principe de trop de mauvaises actions. On la donne à trop bon marché à présent, et à tout le monde, nous devons bien nous garder d'admirer légèrement.

L'admiration est corrompue et corruptrice. On doit bien faire pour soi-même, et non pour le bruit. D'ailleurs, j'ai là-dessus mes idées, finit-il brusquement ; et il allait me quitter.

— Il y a quelque chose d'aussi beau

qu'un grand homme, c'est un homme d'Honneur, lui dis-je.

Il me prit la main avec affection. — C'est une opinion qui nous est commune, me dit-il vivement ; je l'ai mise en action toute ma vie, mais il m'en a coûté cher. Cela n'est pas si facile que l'on croit.

Ici le sous-lieutenant de sa compagnie vint lui demander un cigare. Il en tira plusieurs de sa poche et les lui donna sans parler : les officiers se mirent à fumer en marchant de long en large, dans un silence et un calme que le souvenir des circonstances présentes n'interrompait pas ; aucun ne daignant parler des dangers du jour ni de son devoir, et connaissant à fond l'un et l'autre.

Le capitaine Renaud revint à moi. — Il fait beau, me dit-il en me montrant le ciel avec sa canne de jonc : je ne sais quand je cesserai de voir tous les soirs les mêmes étoiles ; il m'est arrivé une fois de m'imaginer que je verrais celles de la mer du Sud, mais j'étais destiné à ne pas changer d'hémisphère. — N'importe ! le temps est superbe : les Parisiens dorment ou font semblant. Aucun de nous n'a mangé ni bu depuis vingt-quatre heures ;

cela rend les idées très-nettes. Je me souviens qu'un jour, en allant en Espagne, vous m'avez demandé la cause de mon peu d'avancement ; je n'eus pas le temps de vous la conter ; mais ce soir je me sens la tentation de revenir sur ma vie que je repassais dans ma mémoire. Vous aimez les récits, je me le rappelle, et, dans votre vie retirée, vous aimerez à vous souvenir de nous. — Si vous voulez vous asseoir sur ce parapet du boulevard avec moi, nous y causerons fort tranquillement, car on me paraît avoir cessé pour cette fois de nous ajuster par les fenêtres et les soupiraux de cave. — Je ne vous dirai que quelques époques de mon histoire, et je ne ferai que suivre mon caprice. J'ai beaucoup vu et beaucoup lu, mais je crois bien que je ne saurais pas écrire. Ce n'est pas mon état, Dieu merci ! et je n'ai jamais essayé. — Mais, par exemple, je sais vivre, et j'ai vécu comme j'en avais pris la résolution (dès que j'ai eu le courage de la prendre), et, en vérité, c'est quelque chose. — Asseyons-nous.

Je le suivis lentement, et nous traversâmes le bataillon pour passer à gauche de ses beaux grenadiers. Ils étaient debout, gravement, le menton appuyé sur le canon de leurs fusils. Quelques jeunes gens s'étaient assis sur leurs sacs, plus fatigués de la journée que les autres. Tous se taisaient et s'occupaient froidement de réparer leur tenue et de la rendre plus correcte. Rien n'annonçait l'inquiétude ou le mécontentement. Ils étaient à leurs rangs, comme après un jour de revue, attendant les ordres.

Quand nous fûmes assis, notre vieux camarade prit la parole, et, à sa manière, me raconta trois grandes époques qui me donnèrent le sens de sa vie et m'expliquèrent la bizarrerie de ses habitudes et ce qu'il y avait de sombre dans son caractère. Rien de ce qu'il m'a dit ne s'est effacé de ma mémoire, et je le répéterai presque mot pour mot.

II

MALTE

Je ne suis rien, dit-il d'abord, et c'est à présent un bonheur pour moi que de penser cela ; mais si j'étais quelque chose, je pourrais dire comme Louis XIV : *J'ai trop aimé la guerre.* — Que voulez-vous? Bonaparte m'avait grisé dès l'enfance comme les autres, et sa gloire me montait à la tête si violemment, que je n'avais plus de place dans le cerveau pour une autre idée. Mon père, vieil officier supérieur, toujours dans les camps, m'était tout à fait inconnu, quand un jour il lui prit fantaisie de me conduire en Égypte avec lui. J'avais douze ans, et je me souviens encore de ce temps comme si j'y étais, des sentiments de toute l'armée et de ceux qui prenaient déjà possession de mon âme. Deux esprits enflaient les voiles de nos vaisseaux, l'esprit de gloire et l'esprit de piraterie. Mon père n'écoutait pas plus le second que le vent de nord-ouest qui nous emportait; mais le premier bourdonnait si fort à mes oreilles, qu'il me rendit sourd pendant longtemps à tous les bruits du monde, hors à la musique de Charles XII, le canon. Le canon me semblait la voix de Bonaparte, et, tout enfant que j'étais, quand il grondait, je devenais rouge de plaisir, je sautais de joie, je lui battais des mains, je lui répondais par de grands cris. Ces premières émotions préparèrent l'enthousiasme exagéré qui fut le but et la folie de ma vie. Une rencontre, mémorable pour moi, décida cette sorte d'admiration fatale, cette adoration insensée à laquelle je voulus trop sacrifier.

La flotte venait d'appareiller depuis le 30 floréal an vi. Je passai le jour et la nuit sur le pont à me pénétrer du bonheur de voir la grande mer bleue et nos vaisseaux. Je comptai cent bâtiments et je ne pus tout compter. Notre ligne militaire avait une lieue d'étendue, et le demi-cercle que formait le convoi en avait au moins six. Je ne disais rien. Je regardai passer la Corse tout près de nous, traînant la Sardaigne à sa suite, et bientôt arriva la Sicile à notre gauche. Car *la Junon*, qui portait mon père et moi, était destinée à éclairer la route et à former l'avant-garde avec trois autres frégates. Mon père me tenait la main, et me montra l'Etna tout fumant et des rochers que je n'oubliai point : c'était la Favaniane et le mont Éryx. Marsala, l'ancienne Lilybée, passait travers ses vapeurs ; je pris ses maisons blanches pour des colombes perçant un nuage ; et un matin, c'était..., oui, c'était le 24 prairial, je vis, au lever du jour, arriver devant moi un tableau qui m'éblouit pour vingt ans.

Malte était debout avec ses forts, ses canons à fleur d'eau, ses longues murailles luisantes au soleil comme des marbres nouvellement polis, et sa fourmilière de galères toutes minces courant sur de longues rames rouges. Cent quatre-vingt-quatorze bâtiments français l'enveloppaient de leurs grandes voiles et de leurs pavillons bleus, rouges et blancs, que l'on hissait, en ce moment, à tous les mâts, tandis que l'étendard de la religion s'abaissait lentement sur le *Gozo* et le fort Saint-Elme : c'était la dernière croix militante qui tombait. Alors la flotte tira cinq cents coups de canon.

Le vaisseau *l'Orient* était en face, seul à l'écart, grand et immobile. Devant lui vinrent passer lentement, et l'un après l'autre, tous les bâtiments de guerre, et je vis de loin Desaix saluer Bonaparte. Nous montâmes près de lui à bord de l'*Orient*. Enfin pour la première fois je le vis.

Il était debout près du bord, causant avec Casa-Bianca, capitaine du vaisseau (pauvre *Orient !*), et il jouait avec les cheveux d'un enfant de dix ans, le fils du capitaine. Je fus jaloux de cet enfant sur-le-champ, et le cœur me bondit en voyant

qu'il touchait le sabre du général. Mon père s'avança vers Bonaparte et lui parla longtemps. Je ne voyais pas encore son visage. Tout d'un coup il se retourna et me regarda ; je frémis de tout mon corps à la vue de ce front jaune entouré de longs cheveux pendants et comme sortant de la mer, tout mouillés ; de ces grands yeux gris, de ces joues maigres et de cette lèvre rentrée sur un menton aigu. Il venait de parler de moi, car il disait : « Écoute
» mon brave, puisque tu le veux, tu vien-
» dras en Égypte et le général Vaubois
» restera bien ici sans toi et avec ses qua-

» tre mille hommes ; mais je n'aime pas
» qu'on emmène ses enfants ; je ne l'ai
» permis qu'à Casa-Bianca, et j'ai eu tort.
» Tu vas renvoyer celui-ci en France ; je
» veux qu'il soit fort en mathématiques,
» et s'il t'arrive quelque chose là-bas, je
» te réponds de lui, moi ; je m'en charge,
» et j'en ferai un bon soldat. » En même
temps il se baissa, et, me prenant sous les
bras, m'éleva jusqu'à sa bouche et me
baisa le front. La tête me tourna, je sentis
qu'il était mon maître et qu'il enlevait
mon âme à mon père, que du reste je connaissais à peine parce qu'il vivait à l'armée

éternellement. Je crus éprouver l'effroi de Moïse, berger, voyant Dieu dans le buisson. Bonaparte m'avait soulevé libre, et quand ses bras me redescendirent doucement sur le pont, ils y laissèrent un esclave de plus.

La veille, je me serais jeté dans la mer si l'on m'eût enlevé à l'armée; mais je me laissai emmener quand on voulut. Je quittai mon père avec indifférence, et c'était pour toujours! Mais nous sommes si mauvais dès l'enfance, et, hommes ou enfants, si peu de chose nous prend et nous enlève aux bons sentiments naturels!

Mon père n'était plus mon maître parce que j'avais vu le sien, et que de celui-là seul me semblait émaner toute autorité de la terre. — O rêves d'autorité et d'esclavage ! O pensées corruptrices du pouvoir, bonnes à séduire les enfants ! Faux enthousiasmes ! poisons subtils, quel antidote pourra-t-on jamais trouver contre vous ? — J'étais étourdi, enivré ; je voulais travailler, et je travaillai à en devenir fou ! Je calculai nuit et jour, et je pris l'habit, le savoir et, sur mon visage, la couleur jaune de l'école. De temps en temps le canon m'interrompait, et cette voix du demi-dieu m'apprenait la conquête de l'Égypte, Marengo, le 18 brumaire, l'Empire... et l'Empereur me tint parole.

— Quant à mon père, je ne savais plus ce qu'il était devenu, lorsqu'un jour m'arriva cette lettre que voici.

Je la porte toujours dans ce vieux portefeuille, autrefois rouge, et je la relis souvent pour bien me convaincre de l'inutilité des avis que donne une génération à celle qui la suit, et réfléchir sur l'absurde entêtement de mes illusions.

Ici le Capitaine, ouvrant son uniforme, tira de sa poitrine : son mouchoir premièrement, puis un petit portefeuille qu'il ouvrit avec soin, et nous entrâmes dans un café encore éclairé, où il me lut ces fragments de lettres, qui me sont restés entre les mains, on saura bientôt comment.

IV

SIMPLE LETTRE

IV

SIMPLE LETTRE

« A bord du vaisseau anglais le *Culloden*,
devant Rochefort, 1804.

Sent to France, with admiral Collingwood's permission.

« Il est inutile, mon enfant, que tu saches comment t'arrivera cette lettre, et par quels moyens j'ai pu connaître ta conduite et ta position actuelle. Qu'il te

suffise d'apprendre que je suis content de
toi, mais que je ne te reverrai sans doute
jamais. Il est probable que cela t'inquiète
peu. Tu n'as connu ton père que dans
l'âge où la mémoire n'est pas née encore
et le cœur n'est pas encore éclos. Il s'ouvre
plus tard en nous qu'on ne le pense géné-
ralement, et c'est de quoi je me suis souvent étonné ; mais qu'y faire? — Tu n'es
pas plus mauvais qu'un autre, ce me semble. Il faut bien que je m'en contente.
Tout ce que j'ai à te dire, c'est que je
suis prisonnier des Anglais depuis le
14 thermidor an vi (ou le 2 août 1798,

vieux style, qui, dit-on, redevient à la mode aujourd'hui). J'étais allé à bord de *l'O-rient* pour tâcher de persuader à ce brave Brueys d'appareiller pour Corfou. Bonaparte lui avait déjà envoyé son pauvre aide de camp Julien, qui eut la sottise de se laisser enlever par les Arabes. Moi, j'arrivai, mais inutilement. Brueys était entêté comme une mule. Il disait qu'on allait trouver la passe d'Alexandrie pour faire entrer ses vaisseaux ; mais il ajouta quelques mots assez fiers qui me firent bien voir qu'au fond il était un peu jaloux de l'armée de terre. — Nous prend-on pour des *passeurs d'eau?* me dit-il, et croit-on que nous ayons peur des Anglais? — Il aurait mieux valu pour la France qu'il en eût peur. Mais s'il a fait des fautes, il les a glorieusement expiées ; et je puis dire que j'expie ennuyeusement celle que je fis de rester à son bord quand on l'attaqua. Brueys fut d'abord blessé à la tête et à la main. Il continua le combat jusqu'au moment où un boulet lui arracha les entrailles. Il se fit mettre dans un sac de son et mourut sur son banc de quart. Nous vîmes clairement que nous allions sauter vers les dix heures du soir. Ce qui restait de l'équipage descendit dans les chaloupes et se sauva, excepté Casa-Bianca. Il demeura le dernier, bien entendu ; mais son fils, un beau garçon, que tu as entrevu, je crois, vint me trouver et me dit : « Citoyen, qu'est-ce que l'honneur veut que je fasse? » — Pauvre petit ! Il avait dix ans, je crois, et cela parlait d'honneur dans un tel moment ! Je le pris sur mes genoux dans le canot et je l'empêchai de voir sauter son père avec le pauvre *Orient*, qui s'éparpilla en l'air comme une gerbe de feu. Nous ne sautâmes pas, nous, mais nous fûmes pris, ce qui est bien plus douloureux, et je vins à Douvres, sous la garde d'un brave capitaine anglais nommé Collingwood, qui commande à présent le *Culloden.* C'est un galant homme s'il en fut, qui, depuis 1761 qu'il sert dans la marine, n'a quitté la mer que pendant deux années, pour se marier et mettre au monde ses deux filles. Ces enfants, dont il parle sans cesse, ne le connaissent pas, et sa femme ne connaît guère que par ses lettres son beau caractère. Mais je sens bien que la douleur de cette défaite d'A-boukir a abrégé mes jours, qui n'ont été que trop longs, puisque j'ai vu un tel désastre et la mort de mes glorieux amis. Mon grand âge a touché tout le monde ici ; et, comme le climat de l'Angleterre m'a fait tousser beaucoup et a renouvelé toutes mes blessures au point de me priver entièrement de l'usage d'un bras, le bon capitaine Collingwood a demandé et obtenu pour moi (ce qu'il n'aurait pu obtenir pour lui-même à qui la terre était défendue) la grâce d'être transféré en Sicile, sous un soleil plus chaud et un ciel plus pur. Je crois bien que j'y vais finir ; car soixante-dix-huit ans, sept blessures, des chagrins profonds et la captivité sont des maladies incurables. Je n'avais à te laisser que mon épée, pauvre enfant! à présent je n'ai même plus cela, car un prisonnier n'a pas d'épée. Mais j'ai au moins un conseil à te donner, c'est de te défier de ton enthousiasme pour les hommes qui parviennent vite, et surtout pour Bonaparte. Tel que je te connais, tu serais un Séide, et il faut se garantir du *Séidisme* quand on est Français, c'est-à-dire très-susceptible d'être atteint de ce mal contagieux. C'est une chose merveilleuse que la quantité de petits et de grands tyrans qu'il a produits. Nous aimons les fanfarons à un point extrême, et nous nous donnons à eux de si bon cœur que nous ne tardons pas à nous en mordre les doigts ensuite. La source de ce défaut est un grand besoin d'action et une grande paresse de réflexion. Il s'ensuit que nous aimons infiniment mieux nous donner corps et âme à celui qui se charge de penser pour nous et d'être responsable, quitte à rire après de nous et de lui.

Bonaparte est un bon enfant, mais il est vraiment par trop charlatan. Je crains qu'il ne devienne fondateur parmi nous d'un nouveau genre de jonglerie; nous en avons bien assez en France. — Le charlatanisme est insolent et corrupteur, et il a donné de tels exemples dans notre siècle et a mené si grand bruit du tambour et de la baguette sur la place publique, qu'il s'est glissé dans toute profession et qu'il n'y a si petit homme qu'il n'ait gonflé. — Le nombre est incalculable des grenouilles qui crèvent. Je désire bien vivement que mon fils n'en soit pas.

Je suis bien aise qu'il m'ait tenu parole en se *chargeant de toi*, comme il dit; mais ne t'y fie pas trop. Peu de temps après la triste manière dont je quittai l'Égypte, voici la scène que l'on m'a contée et qui se passa à un certain dîner ; je veux te la dire afin que tu y penses souvent.

Le 1ᵉʳ vendémiaire an vii, étant au Caire, Bonaparte, membre de l'Institut, ordonna une fête civique pour l'anniversaire de l'établissement de la République. La garnison d'Alexandrie célébra la fête autour de la colonne de Pompée, sur laquelle on planta le drapeau tricolore ; l'aiguille de Cléopâtre fut illuminée assez mal ; et les troupes de la Haute-Égypte célébrèrent la fête, le mieux qu'elles purent, entre les pylônes, les colonnes, les cariatides de Thèbes, sur les genoux du colosse de Memnon, aux pieds des figures de Tâma et de Châma. Le premier corps d'armée fit au Caire ses manœuvres, ses courses et ses feux d'artifices. Le général en chef avait invité à dîner tout l'état-major, les ordonnateurs, les savants, les kiayas du pacha, l'émir, les membres du divan et les agas, autour d'une table de cinq cents couverts dressée dans la salle basse de la maison qu'il occupait sur la place d'El-Béquier; le bonnet de la Liberté et le croissant s'entrelaçaient amoureusement; les couleurs turques et françaises formaient un berceau et un tapis fort agréables sur lesquels se mariaient le Koran et la Table des Droits de l'Homme. Après que les convives eurent bien mangé avec leurs doigts des poulets et du riz assaisonnés de safran, des pastèques et des fruits, Bonaparte, qui ne disait rien, jeta un coup d'œil très-prompt sur eux tous. Le bon Kléber, qui était couché à côté de lui, parce qu'il ne pouvait pas ployer à la turque ses longues jambes, donna un grand coup de coude à Abdallah-Menou, son voisin, et lui dit avec son accent demi-allemand :

4.

— Tiens ! voilà Ali-Bonaparte qui va nous faire une des siennes.

Il l'appelait comme cela, parce que, à la fête de Mahomet, le général s'était amusé à prendre le costume oriental, et qu'au moment où il s'était déclaré protecteur de toutes les religions, on lui avait pompeusement décerné le nom de gendre du Prophète et on l'avait nommé Ali-Bonaparte.

Kléber n'avait pas fini de parler et passait encore sa main dans ses grands cheveux blonds, que le petit Bonaparte était déjà debout, et, approchant son verre de son menton maigre et de sa grosse cravate, il dit d'une voix brève, claire et saccadée :

— Buvons à l'an trois cent de la République française !

Kléber se mit à rire dans l'épaule de Menou, au point de lui faire verser son verre sur un vieil aga, et Bonaparte les regarda tous deux de travers, en fronçant le sourcil.

Certainement, mon enfant, il avait raison ; parce que, en présence d'un général en chef, un général de division ne doit pas se tenir indécemment, fût-ce un gail lard comme Kléber ; mais eux, ils n'avaient pas tout à fait tort non plus, puisque Bonaparte, à l'heure qu'il est, s'appelle l'Empereur et que tu es son page. »

. . . .

— En effet, dit le capitaine Renaud en reprenant la lettre de mes mains, je venais d'être nommé page de l'Empereur en 1804.
— Ah! la terrible année que celle-là! de quels événements elle était chargée quand elle nous arriva, et comme je l'aurais considérée avec attention, si j'avais su alors considérer quelque chose ! Mais je n'avais

pas d'yeux pour voir, pas d'oreilles pour entendre autre chose que les actions de l'Empereur, la voix de l'Empereur, les gestes de l'Empereur, les pas de l'Empereur. Son approche m'enivrait, sa présence me magnétisait. La gloire d'être attaché à cet homme me semblait la plus grande chose qui fût au monde, et jamais un amant n'a senti l'ascendant de sa maîtresse avec des émotions plus vives et plus écrasantes que celles que sa vue me donnait chaque jour. — L'admiration d'un chef militaire devient une passion, un fanatisme, une frénésie, qui font de nous des esclaves, des furieux, des aveugles. — Cette pauvre lettre que je viens de vous donner à lire ne tint dans mon esprit que la place de ce que les écoliers nomment un *sermon*, et je ne sentis que le soulagement impie des enfants qui se trouvent délivrés de l'autorité naturelle et se croient libres parce qu'ils ont choisi la chaîne que l'entraînement général leur a fait river à leur cou. Mais un reste de bons sentiments natifs me fit conserver cette écriture sacrée, et son autorité sur moi a grandi à mesure que diminuaient mes rêves d'héroïque sujétion. Elle est restée toujours sur mon cœur, et elle a fini par y jeter des racines invisibles, aussitôt que le bon sens a dégagé ma vue des nuages qui la couvraient alors. Je n'ai pu m'empêcher, cette nuit, de la relire avec vous, et je me prends en pitié en considérant combien a été lente la courbe que mes idées ont suivie pour revenir à la base la plus solide et la plus simple de la conduite d'un homme. Vous verrez à combien peu elle se réduit ; mais, en vérité, monsieur, je pense que cela suffit à la vie d'un honnête homme, et il m'a fallu bien du temps pour arriver à trouver la source de la véritable grandeur qu'il peut y avoir dans la profession presque barbare des armes.

Ici le capitaine Renaud fut interrompu par un vieux sergent de grenadiers qui vint se placer à la porte du café, portant son arme en sous-officier et tirant une lettre écrite sur papier gris placée dans la bretelle de son fusil. Le capitaine se leva paisiblement et ouvrit l'ordre qu'il recevait.

— Dites à Béjaud de copier cela sur le livre d'ordre, dit-il au sergent.

— Le sergent-major n'est pas revenu de l'arsenal, dit le sous-officier, d'une voix douce comme celle d'une fille, et baissant les yeux sans même daigner dire comment son camarade avait été tué.

— Le fourrier le remplacera, dit le capitaine sans rien demander ; et il signa son ordre sur le dos du sergent qui lui servit de pupitre.

Il toussa un peu et reprit avec tranquillité :

V

LE DIALOGUE INCONNU

V

LE DIALOGUE INCONNU.

— La lettre de mon pauvre père, et sa mort, que j'appris peu de temps après, produisirent en moi, tout enivré que j'étais et tout étourdi du bruit de mes éperons, une impression assez forte pour donner un grand ébranlement à mon ardeur aveugle, et je commençai à examiner de plus près et avec plus de calme ce qu'il y avait de surnaturel dans l'éclat qui m'enivrait. Je me demandai, pour la première fois, en quoi consistait l'ascendant que nous laissions prendre sur nous aux hommes d'action revêtus d'un pouvoir absolu, et j'osai tenter quelques efforts intérieurs pour tracer des bornes, dans ma pensée, à cette donation volontaire de tant d'hommes à un homme. Cette première secousse me fit entr'ouvrir la paupière, et j'eus l'audace de regarder en face l'aigle éblouissant qui m'avait enlevé tout enfant et dont les ongles me pressaient les reins.

Je ne tardai pas à trouver des occasions de l'examiner de plus près et d'épier l'esprit du grand homme dans les actes obscurs de sa vie privée.

On avait osé créer des pages, comme je vous l'ai dit ; mais nous portions l'uniforme d'officiers en attendant la livrée verte à culottes rouges que nous devions prendre au sacre. Nous servions d'écuyers, de secrétaires et d'aides de camp jusque-là, selon la volonté du maître, qui prenait ce qu'il trouvait sous sa main. Déjà il se plaisait à peupler ses antichambres; et comme le besoin de dominer le suivait partout, il ne pouvait s'empêcher de l'exercer dans les plus petites choses et tourmentait autour de lui ceux qui l'entouraient, par l'infatigable maniement d'une volonté toujours présente. Il s'amusait de ma timidité ; il jouait avec mes terreurs et mon respect. — Quelquefois il m'appelait brusquement ; et, me voyant entrer pâle et balbutiant, il s'amusait à me faire parler longtemps pour voir mes étonnements et troubler mes idées. Quelquefois, tandis que j'écrivais sous sa dictée, il me tirait l'oreille tout d'un coup, à sa manière, et me faisait une question imprévue sur quelque vulgaire connaissance comme la géographie ou l'algèbre, me posant le plus facile problème d'enfant ; il me semblait alors que la foudre tombait sur ma tête. Je savais mille fois ce qu'il me demandait ; j'en savais plus qu'il ne le croyait, j'en savais même souvent plus que lui ; mais son œil me paralysait. Lorsqu'il était hors de la chambre, je pouvais respirer, le sang commençait à circuler dans mes veines, la mémoire me revenait et avec elle une honte inexprimable ; la rage me prenait, j'écrivais ce que j'aurais dû lui répondre ; puis je me roulais sur le tapis, je pleurais, j'avais envie de me tuer.

— Quoi ! me disais-je, il y a donc des têtes assez fortes pour être sûres de tout et n'hésiter devant personne ? Des hommes qui s'étourdissent par l'action sur toute chose, et dont l'assurance écrase les autres en leur faisant penser que la clef de tout savoir et de tout pouvoir, clef qu'on ne cesse de chercher, est dans leur poche, et qu'ils n'ont qu'à l'ouvrir pour en tirer lumière et autorité infaillibles ! — Je sentais pourtant que c'était là une force fausse et usurpée. Je me révoltais, je criais : « Il ment ! Son attitude, sa voix, son geste, ne sont qu'une pantomime d'acteur, une misérable parade de souveraineté, dont il doit savoir la vanité. Il n'est pas possible qu'il croie en lui-même aussi sincèrement ! Il nous défend à tous de lever le voile, mais il se voit nu par dessous. Et que voit-il ? un pauvre ignorant comme nous tous, et sous tout cela, la créature faible ! »

— Cependant je ne savais comment voir le fond de cette âme déguisée. Le pouvoir et la gloire le défendaient sur tous les points ; je tournais autour sans réussir à y rien surprendre, et ce porc-épic, toujours armé, se roulait devant moi, n'offrant de tous côtés que des pointes acérées. — Un jour pourtant, le hasard, notre maître à tous, les entr'ouvrit, et à travers ces piques et ces dards fit pénétrer une lumière d'un moment. — Un jour, ce fut peut-être le seul de sa vie, il rencontra plus fort que lui et recula un instant devant un ascendant plus grand que le sien. — J'en fus témoin, et me sentis vengé. — Voici comment cela m'arriva :

Nous étions à Fontainebleau. Le Pape venait d'arriver. L'Empereur l'avait attendu impatiemment pour le sacre, et l'avait reçu en voiture, montant de chaque côté, au même instant, avec une étiquette en apparence négligée, mais profondément calculée, de manière à ne céder ni prendre le pas, ruse italienne. Il revenait au château, tout y était en rumeur; j'avais laissé plusieurs officiers dans la chambre qui précédait celle de l'Empereur, et j'étais resté seul dans la sienne. — Je considérais une longue table qui portait, au lieu de marbre, des mosaïques romaines, et que surchargeait un amas énorme de placets. J'avais vu souvent Bonaparte rentrer et leur faire subir une étrange épreuve. Il ne les prenait ni par ordre, ni au hasard ; mais quand leur nombre l'irritait, il passait sa main sur la table de gauche à droite et de droite à gauche, comme un faucheur, et les dispersait jusqu'à ce qu'il en eût réduit le nombre à cinq ou six qu'il ouvrait. Cette sorte de jeu dédaigneux m'avait ému singulièrement. Tous ces papiers de deuil et de détresse repoussés et jetés sur le parquet, enlevés comme par un vent colère ; ces implorations inutiles des veuves et des orphelins n'ayant pour chance de secours que la manière dont les feuilles volantes étaient balayées par le chapeau consulaire ; toutes ces feuilles gémissantes, mouillées par des larmes de famille, traînant au hasard sous ses bottes et sur lesquelles il marchait comme sur ses morts du champ de bataille, me représentaient la destinée présente de la France comme une loterie sinistre, et, toute grande qu'était la main indifférente et rude qui tirait les lots, je pensais qu'il n'était pas juste de livrer ainsi au caprice de ses coups de poing tant de fortunes obscures qui eussent été peut-être un jour aussi grandes que la sienne, si un point d'appui leur eût été donné. Je sentis mon cœur battre contre Bonaparte et se révolter, mais honteusement, mais en cœur d'esclave qu'il était. Je considérais ces lettres abandonnées : des cris de douleur inentendus s'élevaient de leurs plis profanés ; et, les prenant pour les lire, les rejetant ensuite, moi-même je me faisais juge entre ces malheureux et le maître qu'ils s'étaient donné, et qui allait aujourd'hui s'asseoir plus solidement que jamais sur leurs têtes. Je tenais dans ma main l'une de ces pétitions méprisées, lorsque le bruit des tambours qui battaient *aux champs* m'apprit l'arrivée subite de l'Empereur. Or, vous savez que de même que l'on voit la lumière du canon avant d'entendre sa détonation, on le voyait toujours en même temps qu'on était frappé du bruit de son approche : tant ses allures étaient promptes et tant il semblait pressé de vivre et de jeter ses actions les unes sur les autres! Quand il entrait à cheval dans la cour d'un palais, ses guides avaient peine à le suivre, et le poste n'avait pas le temps de prendre les armes, qu'il était déjà descendu de cheval et montait l'escalier. Cette fois, il avait quitté la voiture du Pape pour revenir seul, en avant et au galop. J'entendis ses talons résonner en même temps que le tambour. J'eus le temps à peine de me jeter dans l'alcôve d'un grand lit de parade qui ne servait à personne, fortifié d'une balustrade de prince et fermé heureusement, plus qu'à demi, par des rideaux semés d'abeilles.

L'Empereur était fort agité ; il marcha seul dans la chambre comme quelqu'un qui attend avec impatience, et fit en un instant trois fois sa longueur, puis s'avança vers la fenêtre et se mit à y tambouriner une marche avec les ongles. Une voiture roula dans la cour, il cessa de battre, frappa des pieds deux ou trois fois comme impatienté de la vue de quelque chose qui se faisait avec lenteur, puis il alla brusquement à la porte et l'ouvrit au Pape.

Pie VII entra seul, Bonaparte se hâta de refermer la porte derrière lui, avec une promptitude de geôlier. Je sentis une grande terreur, je l'avoue, en me voyant en tiers avec de telles gens. Cependant je restai sans voix et sans mouvement, regardant et écoutant de toute la puissance de mon esprit.

Le Pape était d'une taille élevée ; il avait un visage allongé, jaune, souffrant, mais plein d'une noblesse sainte et d'une bonté sans bornes. Ses yeux noirs étaient grands et beaux, sa bouche était entr'ouverte par un sourire bienveillant auquel son menton avancé donnait une expression de finesse très-spirituelle et très-vive, sourire qui n'avait rien de la sécheresse politique, mais tout de la bonté chrétienne. Une calotte blanche couvrait ses cheveux longs, noirs, mais sillonnés de larges mèches argentées. Il portait négligemment sur ses épaules courbées un long camail de velours rouge, et sa robe traînait sur ses pieds. Il entra lentement, avec la démarche calme et prudente d'une femme âgée. Il vint s'asseoir, les yeux baissés, sur un des grands fauteuils romains dorés et chargés d'aigles, et attendit ce que lui allait dire l'autre Italien.

Ah! monsieur, quelle scène! quelle scène! je la vois encore. — Ce ne fut pas le génie de l'homme qu'elle me montra, mais ce fut son caractère ; et si son vaste esprit ne s'y déroula pas, du moins son cœur y éclata. — Bonaparte n'était pas alors ce que vous l'avez vu depuis ; il n'avait point ce ventre de financier, ce visage joufflu et malade, ces jambes de goutteux, tout cet infirme embonpoint que l'art a malheureusement saisi pour en faire un *type*, selon le langage actuel, et qui a laissé de lui, à la foule, je ne sais quelle forme populaire et grotesque qui le livre aux jouets d'enfants et le laissera peut=être un jour fabuleux et impossible comme l'informe Polichinelle. — Il n'était point ainsi alors, monsieur, mais nerveux et souple, mais leste, vif et élancé, convulsif dans ses gestes, gracieux dans quelques moments, recherché dans ses manières ; la poitrine plate et rentrée entre les épaules, et tel encore que je l'avais vu à Malte, le visage mélancolique et effilé.

Il ne cessa point de marcher dans la chambre quand le Pape fut entré ; il se mit à rôder autour du fauteuil comme un chasseur prudent, et s'arrêtant tout à coup en face de lui dans l'attitude roide et immobile d'un caporal, il reprit une suite de la conversation commencée dans leur voiture, interrompue par l'arrivée, et qu'il lui tardait de poursuivre.

— Je vous le répète, Saint-Père, je ne suis point un esprit fort, moi, et je n'aime pas les raisonneurs et les idéologues. Je vous assure que, malgré mes vieux républicains, j'irai à la messe.

Il jeta ces derniers mots brusquement au Pape comme un coup d'encensoir lancé au visage, et s'arrêta pour en attendre l'effet, pensant que les circonstances tant soit peu impies qui avaient précédé l'entrevue devaient donner à cet aveu subit et net une valeur extraordinaire. — Le Pape baissa les yeux et posa ses deux mains sur les têtes d'aigles qui formaient les bras de son fauteuil. Il parut, par cette attitude de statue romaine, qu'il disait clairement :

Je me résigne d'avance à écouter toutes les choses profanes qu'il lui plaira de me faire entendre.

Bonaparte fit le tour de la chambre et du fauteuil qui se trouvait au milieu, et je vis, au regard qu'il jetait de côté sur le vieux pontife, qu'il n'était content ni de lui-même ni de son adversaire, et qu'il se reprochait d'avoir trop lestement débuté dans cette reprise de conversation. Il se mit donc à parler avec plus de suite, en marchant circulairement et jetant à la dérobée des regards perçants dans les glaces de l'appartement où se réfléchissait la figure grave du Saint-Père, et le regardant en profil quand il passait près de lui, mais jamais en face, de peur de sembler trop inquiet de l'impression de ses paroles.

— Il y a quelque chose, dit-il, qui me reste sur le cœur, Saint-Père, c'est que vous consentez au sacre de la même manière que l'autre fois au concordat, comme si vous y étiez forcé. Vous avez un air de martyr devant moi, vous êtes là comme résigné, comme offrant au Ciel vos douleurs. Mais, en vérité, ce n'est pas là votre situation, vous n'êtes pas prisonnier, par Dieu! vous êtes libre comme l'air.

Pie VII sourit avec tristesse et le regarda en face. Il sentait ce qu'il y avait de prodigieux dans les exigences de ce caractère despotique, à qui, comme à tous les esprits de même nature, il ne suffisait pas de se faire obéir si, en obéissant, on ne semblait encore avoir désiré ardemment ce qu'il ordonnait.

— Oui, reprit Bonaparte avec plus de force, vous êtes parfaitement libre; vous pouvez vous en retourner à Rome, la route vous est ouverte, personne ne vous retient.

Le Pape soupira et leva sa main droite et ses yeux au ciel sans répondre ; ensuite il laissa retomber très-lentement son front ridé et se mit à considérer la croix d'or suspendue à son cou.

Bonaparte continua à parler en tournoyant plus lentement. Sa voix devint douce et son sourire plein de grâce.

— Saint-Père, si la gravité de votre caractère ne m'en empêchait, je dirais, en vérité, que vous êtes un peu ingrat. Vous ne paraissez pas vous souvenir assez des bons services que la France vous a rendus. Le conclave de Venise, qui vous a élu Pape, m'a un peu l'air d'avoir été inspiré par ma campagne d'Italie et par un mot que j'ai dit sur vous. L'Autriche ne vous traita pas bien alors, et j'en fus très-affligé. Votre Sainteté fut, je crois, obligée de revenir par mer à Rome, faute de pouvoir passer par les terres autrichiennes.

Il s'interrompit pour attendre la réponse du silencieux hôte qu'il s'était donné ; mais Pie VII ne fit qu'une inclination de tête presque imperceptible, et demeura comme plongé dans un abattement qui l'empêchait d'écouter.

Bonaparte alors poussa du pied une

chaise près du grand fauteuil du Pape. —
Je tressaillis, parce qu'en venant chercher
ce siége, il avait effleuré de son épaulette
le rideau de l'alcôve où j'étais caché.

— Ce fut, en vérité, continua-t-il,
comme catholique que cela m'affligea. Je
n'ai jamais eu le temps d'étudier beaucoup
la théologie, moi ; mais j'ajoute encore
une grande foi à la puissance de l'Église;
elle a une vitalité prodigieuse, Saint-Père.
Voltaire vous a bien un peu entamés ;
mais je ne l'aime pas, et je vais lâcher sur
lui un vieil oratorien défroqué. Vous serez
content, allez. Tenez, nous pourrions, si

vous vouliez, faire bien des choses à l'avenir.

Il prit un air d'innocence et de jeunesse très-caressant.

— Moi, je ne sais pas, j'ai beau chercher, je ne vois pas bien, en vérité, pourquoi vous auriez de la répugnance à siéger à Paris pour toujours. Je vous laisserais, ma foi, les Tuileries, si vous vouliez. Vous y trouverez déjà votre chambre de Monte-Cavallo qui vous attend. Moi, je n'y séjourne guère. Ne voyez-vous pas bien, *Padre*, que c'est là la vraie capitale du monde ? Moi, je ferais tout ce que vous voudriez ; d'abord, je suis meilleur enfant qu'on ne croit. — Pourvu que la guerre et la politique fatigante me fussent laissées, vous arrangeriez l'Église comme il vous plairait. Je serais votre soldat tout à fait. Voyez, ce serait vraiment beau ; nous aurions nos conciles comme Constantin et Charlemagne, je les ouvrirais et les fermerais ; je vous mettrais ensuite dans la main les vraies clefs du monde, et comme Notre-Seigneur a dit : Je suis venu avec l'épée, je garderais l'épée, moi ; je vous la rapporterais seulement à bénir après chaque succès de nos armes.

Il s'inclina légèrement en disant ces derniers mots.

Le Pape, qui jusque-là n'avait cessé de demeurer sans mouvement, comme une statue égyptienne, releva lentement sa tête à demi baissée, sourit avec mélancolie, leva ses yeux en haut et dit, après un soupir paisible, comme s'il eût confié sa pensée à son ange gardien invisible :

— *Commediante !*

Bonaparte sauta de sa chaise et bondit comme un léopard blessé. Une vraie colère le prit ; une de ses colères jaunes. Il marcha d'abord sans parler, se mordant les lèvres jusqu'au sang. Il ne tournait plus en cercle autour de sa proie avec des regards fins et une marche cauteleuse; mais il allait droit et ferme, en long et en large, brusquement, frappant du pied et faisant sonner ses talons éperonnés. La chambre tressaillit; les rideaux frémirent comme les arbres à l'approche du tonnerre ; il me semblait qu'il allait arriver quelque terrible et grande chose; mes cheveux me firent mal et j'y portai la main malgré moi. Je regardai le Pape, il ne remua pas, seulement il serra de ses deux mains les têtes d'aigle des bras du fauteuil.

La bombe éclata tout à coup.

— Comédien ! Moi ! Ah ! je vous donnerai des comédies à vous faire tous pleurer comme des femmes et des enfants. — Comédien ! — Ah ! vous n'y êtes pas, si vous croyez qu'on puisse avec moi faire du sang-froid insolent ! Mon théâtre, c'est le monde ; le rôle que j'y joue, c'est celui de maître et d'auteur ; pour comédiens j'ai vous tous, Papes, Rois, Peuples ! et le fil par lequel je vous remue, c'est la peur ! — Comédien ! Ah ! il faudrait être d'une autre taille que la vôtre pour m'oser applaudir ou siffler, *signor Chiaramonti !*

— Savez-vous bien que vous ne seriez qu'un pauvre curé, si je le voulais? Vous et votre tiare, la France vous rirait au nez, si je ne gardais mon air sérieux en vous saluant.

Il y a quatre ans seulement, personne n'eût osé parler tout haut du Christ. Qui donc eût parlé du Pape, s'il vous plaît?

— Comédien! Ah! messieurs, vous prenez vite pied chez nous! Vous êtes de mauvaise humeur parce que je n'ai pas été assez sot pour signer, comme Louis XIV, la désapprobation des libertés gallicanes!

— Mais on ne me pipe pas ainsi. — C'est

moi qui vous tiens dans mes doigts ; c'est moi qui vous porte du Midi au Nord comme des marionnettes ; c'est moi qui fais semblant de vous compter pour quelque chose parce que vous représentez une vieille idée que je veux ressusciter ; et vous n'avez pas l'esprit de voir cela et de faire comme si vous ne vous en aperceviez pas. — Mais non ! il faut tout vous dire ! il faut vous mettre le nez sur les choses pour que vous les compreniez. Et vous croyez bonnement que l'on a besoin de vous, et vous relevez la tête, et vous vous drapez dans vos robes de femme ! — Mais sachez bien qu'elles ne m'en imposent nullement, et que, si vous continuez, vous! je traiterai la vôtre comme Charles XII celle du grand-vizir : je la déchirerai d'un coup d'éperon.

Il se tut. Je n'osais pas respirer. J'avançai la tête, n'entendant plus sa voix tonnante, pour voir si le pauvre vieillard était mort d'effroi. Le même calme dans l'attitude, le même calme sur le visage. Il leva une seconde fois les yeux au ciel, et, après avoir encore jeté un profond soupir, il sourit avec amertume et dit :

— *Tragediante!*

Bonaparte, en ce moment, était au bout de la chambre, appuyé sur la cheminée de marbre aussi haute que lui. Il partit comme un trait, courant sur le vieillard ; je crus qu'il l'allait tuer. Mais il s'arrêta court, prit, sur la table, un vase de porcelaine de Sèvres où le château Saint-Ange et le Capitole étaient peints, et, le jetant sur les chenets et le marbre, le broya sous ses pieds. Puis tout d'un coup s'assit et demeura dans un silence profond et une immobilité formidable.

Je fus soulagé, je sentis que la pensée réfléchie lui était revenue et que le cerveau avait repris l'empire sur les bouillonnements du sang. Il devint triste, sa voix fut sourde et mélancolique, et dès sa première parole je compris qu'il était dans le vrai, et que ce Protée, dompté par deux mots, se montrait lui-même.

— Malheureuse vie ! dit-il d'abord. — Puis il rêva, déchira le bord de son chapeau sans parler pendant une minute encore, et reprit, se parlant à lui seul, au réveil.

— C'est vrai ! Tragédien ou Comédien.

— Tout est rôle, tout est costume pour moi depuis longtemps et pour toujours. Quelle fatigue ! quelle petitesse ! Poser !

toujours poser ! de face pour ce parti, de profil pour celui-là, selon leur idée. Leur paraître ce qu'ils aiment que l'on soit, et deviner juste leurs rêves d'imbéciles. Les placer tous entre l'espérance et la crainte. — Les éblouir par des dates et des bulletins, par des prestiges de distance et des prestiges de nom. Être leur maître à tous et ne savoir qu'en faire. Voilà tout, ma foi !

— Et après ce tout, s'ennuyer autant que je fais, c'est trop fort. — Car, en vérité, poursuivit-il en se croisant les jambes et en se couchant dans un fauteuil, je m'ennuie énormément. — Sitôt que je m'assieds, je crève d'ennui. — Je ne chasserais pas trois jours à Fontainebleau sans périr de langueur. — Moi, il faut que j'aille et que je fasse aller. Si je sais où, je veux être pendu, par exemple. Je vous parle à cœur ouvert. J'ai des plans pour la vie de quarante empereurs, j'en fais un tous les matins et un tous les soirs ; j'ai une imagination infatigable ; mais je n'aurais pas le temps d'en remplir deux, que je serais usé de corps et d'âme ; car notre pauvre lampe ne brûle pas longtemps. Et franchement, quand tous mes plans seraient exécutés, je ne jurerais pas que le monde s'en trouvât beaucoup plus heureux ; mais il serait plus beau, et une unité majestueuse règnerait sur lui. — Je ne suis pas un philosophe, moi, et je ne sais que notre secrétaire de Florence qui ait eu le sens commun. Je n'entends rien à certaines théories. La vie est trop courte pour s'arrêter. Sitôt que j'ai pensé, j'exécute. On trouvera assez d'explications de mes actions après moi pour m'agrandir si je réussis et me rapetisser si je tombe. Les paradoxes sont là tout prêts, ils abondent en France ; je les fais taire de mon vivant, mais après il faudra voir. — N'importe, mon affaire est de réussir, et je m'entends à cela. Je fais mon Iliade en action, moi, et tous les jours.

Ici il se leva avec une promptitude gaie et quelque chose d'alerte et de vivant; il était naturel et vrai dans ce moment-là, il ne songeait point à se dessiner comme il fit depuis dans ses dialogues de Sainte-Hélène; il ne songeait point à s'idéaliser, et ne composait point son personnage de manière à réaliser les plus belles conceptions philosophiques; il était lui, lui-même mis au dehors. — Il revint près du Saint-Père, qui n'avait pas fait un mouvement et marcha devant lui. Là, s'enflammant, riant à moitié avec ironie, il débita ceci, à peu près, tout mêlé de trivial et de grandiose, selon son usage, en parlant avec une volubilité inconcevable, expression rapide de ce génie facile et prompt qui devinait tout, à la fois, sans étude.

— La naissance est tout, dit-il ; ceux qui viennent au monde pauvres et nus sont toujours des désespérés. Cela tourne en action ou en suicide, selon le caractère des gens. Quand ils ont le courage, comme moi, de mettre la main à tout, ma foi ! ils font le diable. Que voulez-vous ? Il faut vivre. Il faut trouver sa place et faire son trou. Moi, j'ai fait le mien comme un boulet de canon. Tant pis pour ceux qui étaient devant moi. — Qu'y faire? Chacun mange selon son appétit; moi, j'avais grand'faim ! — Tenez, Saint-Père, à Toulon, je n'avais pas de quoi acheter une paire d'épaulettes, et au lieu d'elles j'avais une mère et je ne sais combien de frères sur les épaules. Tout cela est placé à présent, assez convenablement, j'espère. Joséphine m'avait épousé, comme par pitié, et nous allons la couronner à la barbe de Raguideau, son notaire, qui di-

sait que je n'avais que la cape et l'épée.
Il n'avait, ma foi! pas tort. — Manteau impérial, couronne, qu'est-ce que tout cela? Est-ce à moi? — Costume! costume d'acteur! Je vais l'endosser pour une heure, et j'en aurai assez. Ensuite je reprendrai mon petit habit d'officier, et je monterai à cheval; toute la vie à cheval! — Je ne serai pas assis un jour sans courir le risque d'être jeté à bas du fauteuil. Est-ce donc bien à envier? Hein ?

Je vous le dis, Saint-Père ; il n'y a au monde que deux classes d'hommes : ceux qui ont et ceux qui gagnent.

Les premiers se couchent, les autres se remuent. Comme j'ai compris cela de bonne heure et à propos, j'irai loin, voilà tout. Il n'y en a que deux qui sont arrivés en commençant à quarante ans : Cromwell et Jean-Jacques ; si vous aviez donné à l'un une ferme, et à l'autre douze cents francs et sa servante, ils n'auraient ni prêché, ni commandé, ni écrit. Il y a des ouvriers en bâtiments, en couleurs, en formes et en phrases ; moi, je suis ouvrier en batailles. C'est mon état. — A trente-cinq ans, j'en ai déjà fabriqué dix-huit qui s'appellent : Victoires. — Il faut bien qu'on me paye mon ouvrage. Et le payer d'un trône, ce n'est pas trop cher.

— D'ailleurs je travaillerai toujours. Vous verrez toutes les dynasties dater de la mienne, tout parvenu que je suis, et élu. Élu, comme vous, Saint-Père, et tiré de la foule. Sur ce point nous pouvons nous donner la main.

Et, s'approchant, il tendit sa main blanche et brusque vers la main décharnée et timide du bon Pape, qui, peut-être attendri par le ton de bonhomie de ce dernier mouvement de l'Empereur, peut-être par un retour secret sur sa propre destinée et une triste pensée sur l'avenir des sociétés chrétiennes, lui donna doucement le bout de ses doigts, tremblants encore, de l'air d'une grand'mère qui se raccommode avec un enfant qu'elle avait eu le chagrin de gronder trop fort. Cependant il secoua la tête avec tristesse, et je vis rouler de ses beaux yeux une larme qui glissa rapidement sur sa joue livide et desséchée. Elle me parut le dernier adieu du Christianisme mourant qui abandonnait la terre à l'égoïsme et au hasard.

Bonaparte jeta un regard furtif sur cette larme arrachée à ce pauvre cœur, et je surpris même, d'un côté de sa bouche, un mouvement rapide qui ressemblait à un sourire de triomphe. — En ce moment, cette nature toute-puissante me parut moins élevée et moins exquise que celle de son saint adversaire ; cela me fit rougir, sous mes rideaux, de tous mes enthousiasmes passés ; je sentis une tristesse toute nouvelle en découvrant combien la plus grande hauteur politique pouvait devenir petite dans ses froides ruses de vanité, ses piéges misérables et ses noirceurs de roué. Je vis qu'il n'avait rien voulu de son prisonnier, et que c'était une joie tacite qu'il s'était donnée de n'avoir pas faibli dans ce tête-à-tête, et s'étant laissé surprendre à l'émotion de la colère, de faire fléchir le captif sous l'émotion de la fatigue, de la crainte et de toutes les faiblesses qui amènent un attendrissement inexplicable sur la paupière d'un vieillard. — Il avait voulu avoir le dernier et sortit, sans ajouter un mot, aussi brusquement qu'il était entré. Je ne vis pas s'il avait salué le Pape. Je ne le crois pas.

VI

UN HOMME DE MER

VI

UN HOMME DE MER

Sitôt que l'Empereur fut sorti de l'appartement, deux ecclésiastiques vinrent auprès du Saint-Père, et l'emmenèrent en le soutenant sous chaque bras, atterré, ému et tremblant.

Je demeurai jusqu'à la nuit dans l'alcôve d'où j'avais écouté cet entretien. Mes idées étaient confondues, et la terreur de cette scène n'était pas ce qui me dominait. J'étais accablé de ce que j'avais vu; et sachant à présent à quels calculs mauvais l'ambition toute personnelle pouvait faire descendre le génie, je haïssais cette passion qui venait de flétrir, sous mes yeux, le plus brillant des Dominateurs, celui qui donnera peut-être son nom au siècle pour l'avoir arrêté dix ans dans sa marche. — Je sentis que c'était folie de se dévouer à un homme, puisque l'autorité despotique ne peut manquer de rendre mauvais nos faibles cœurs ; mais je ne savais à quelle idée me donner désormais. Je vous l'ai dit, j'avais dix-huit ans alors, et je n'avais encore en moi qu'un instinct vague du Vrai, du Bon et du Beau, mais assez obstiné pour m'attacher sans cesse à cette recherche. C'est la seule chose que j'estime en moi.

Je jugeai qu'il était de mon devoir de me taire sur ce que j'avais vu ; mais j'eus lieu de croire que l'on s'était aperçu de ma disparition momentanée de la suite de l'Empereur, car voici ce qui m'arriva. Je ne remarquai dans les manières du maître aucun changement à mon égard. Seulement, je passai peu de jours près de lui, et l'étude attentive que j'avais voulu faire de son caractère fut brusquement arrêtée. Je reçus un matin l'ordre de partir sur-le-champ pour le camp de Boulogne, et à mon arrivée, l'ordre de m'embarquer sur un des bateaux plats que l'on essayait en mer.

Je partis avec moins de peine que si l'on m'eût annoncé ce voyage avant la scène de Fontainebleau. Je respirai en m'éloignant de ce vieux château et de sa forêt, et à ce soulagement involontaire je sentis que mon *Séidisme* était mordu au cœur. Je fus attristé d'abord de cette première découverte, et je tremblai pour l'éblouissante illusion qui faisait pour moi un devoir de mon dévouement aveugle. Le grand égoïste s'était montré à nu devant moi ; mais à mesure que je m'éloignai de lui je commençai à le contempler dans ses œuvres, et il reprit encore sur moi, par cette vue, une partie du magique ascendant par lequel il avait fasciné le monde. — Cependant ce fut plutôt l'idée gigantesque de la guerre qui désormais m'apparut, que celle de l'homme qui la représentait d'une si redoutable façon, et je sentis à cette grande vue un enivrement insensé redoubler en moi pour la gloire des combats, m'étourdissant sur le maître qui les ordonnait, et regardant avec orgueil le travail perpétuel des hommes qui ne me parurent tous que ses humbles ouvriers.

Le tableau était homérique, en effet, et bon à prendre des écoliers par l'étourdissement des actions multipliées. Quelque chose de faux s'y démêlait pourtant et se montrait vaguement à moi, mais sans netteté encore, et je sentais le besoin d'une vue meilleure que la mienne qui me fît découvrir le fond de tout cela. Je venais d'apprendre à mesurer le Capitaine, il me fallait sonder la guerre. — Voici quel nouvel événement me donna cette seconde leçon ; car j'ai reçu trois rudes enseignements dans ma vie, et je vous les raconte après les avoir médités tous les jours. Leurs secousses me furent violentes, et la dernière acheva de renverser l'idole de mon âme.

L'apparente démonstration de conquête et de débarquement en Angleterre, l'évocation des souvenirs de Guillaume le

Conquérant, la découverte du camp de César, à Boulogne, le rassemblement subit de neuf cents bâtiments dans ce port, sous la protection d'une flotte de cinq cents voiles, toujours annoncée; l'établissement des camps de Dunkerque et d'Ostende, de Calais, de Montreuil et de Saint-Omer, sous les ordres de quatre maréchaux; le trône militaire d'où tombèrent les premières étoiles de la Légion d'honneur, les revues, les fêtes, les attaques partielles, tout cet éclat réduit, selon le langage géométrique, à sa plus simple expression, eut trois buts : inquiéter l'Angleterre, assoupir l'Europe, concentrer et enthousiasmer l'armée.

Ces trois points dépassés, Bonaparte laissa tomber pièce à pièce la machine artificielle qu'il avait fait jouer à Boulogne. Quand j'y arrivai, elle jouait à vide comme celle de Marly. Les généraux y faisaient encore les faux mouvements d'une ardeur simulée dont ils n'avaient pas la conscience. On continuait encore à jeter à la mer quelques malheureux bateaux dédaignés par les Anglais et coulés par eux de temps à autre. Je reçus un commandement sur l'une de ces embarcations, dès le lendemain de mon arrivée.

Ce jour-là, il y avait en mer une seule frégate anglaise. Elle courait des bordées avec une majestueuse lenteur, elle allait, elle venait, elle virait, elle se penchait, elle se relevait, elle se mirait, elle glissait, elle s'arrêtait, elle jouait au soleil comme un cygne qui se baigne. Le misérable bateau plat de nouvelle et mauvaise invention s'était risqué fort avant avec quatre autres bâtiments pareils ; et nous étions tout fiers de notre audace, lancés ainsi depuis le matin, lorsque nous décou-

vrîmes tout à coup les paisibles jeux de
la frégate. Ils nous eussent sans doute
paru fort gracieux et poétiques vus de la
terre ferme, ou seulement si elle se fût
amusée à prendre ses ébats entre l'Angleterre et nous ; mais c'était, au contraire,
entre nous et la France. La côte de Boulogne était à plus d'une lieue. Cela nous
rendit pensifs. Nous fîmes force de nos
mauvaises voiles et de nos plus mauvaises
rames, et pendant que nous nous démenions, la paisible frégate continuait à
prendre son bain de mer et à décrire
mille contours agréables autour de nous,

faisant le manége, changeant de main comme un cheval bien dressé, et dessinant des S et des Z sur l'eau de la façon la plus aimable. Nous remarquâmes qu'elle eut la bonté de nous laisser passer plusieurs fois devant elle sans tirer un coup de canon, et même tout d'un coup elle les retira tous dans l'intérieur et ferma tous ses sabords. Je crus d'abord que c'était une manœuvre toute pacifique et je ne comprenais rien à cette politesse. — Mais un gros vieux marin me donna un coup de coude et me dit : Voici qui va mal. En effet, après nous avoir bien laissés courir devant elle comme des souris devant un chat, l'aimable et belle frégate arriva sur nous à toutes voiles sans daigner faire feu, nous heurta de sa proue comme un cheval du poitrail, nous brisa, nous écrasa, nous coula, et passa joyeusement par dessus nous, laissant quelques canots pêcher les prisonniers, desquels je fus, moi dixième, sur deux cents hommes que nous étions au départ. La belle frégate se nommait *la Naïade*, et pour ne pas perdre l'habitude française des jeux de mots, vous pensez bien que nous ne manquâmes jamais de l'appeler depuis *la Noyade*.

J'avais pris un bain si violent que l'on était sur le point de me rejeter comme mort dans la mer, quand un officier qui visitait mon portefeuille, y trouva la lettre de mon père que vous venez de lire et la signature de lord Collingwood. Il me fit donner des soins plus attentifs; on me trouva quelques signes de vie, et quand je repris connaissance, ce fut, non à bord de la gracieuse *Naïade,* mais sur *la Victoire (the Victory)*. Je demandai qui commandait cet autre navire. On me répondit laconiquement : Lord Collingwood. Je crus qu'il était fils de celui qui avait con-

OU LA CANNE DE JONC 145

nu mon père ; mais quand on me conduisit à lui, je fus détrompé. C'était le même homme.

Je ne pus contenir ma surprise quand il me dit, avec une bonté toute paternelle, qu'il ne s'attendait pas à être le gardien du fils après l'avoir été du père, mais qu'il espérait qu'il ne s'en trouverait pas plus mal ; qu'il avait assisté aux derniers moments de ce vieillard, et qu'en apprenant mon nom il avait voulu m'avoir à son bord ; il me parlait le meilleur français avec une douceur mélancolique dont l'expression ne m'est jamais sortie de la mémoire. Il m'offrit de rester à son bord, sur parole de ne faire aucune tentative d'évasion. J'en donnai ma parole d'honneur, sans hésiter, à la manière des jeunes gens de dix-huit ans, et me trouvant beaucoup mieux à bord de *la Victoire* que sur quelque ponton ; étonné de ne rien voir qui justifiât les préventions qu'on nous donnait contre les Anglais, je fis connaissance assez facilement avec les officiers du bâtiment, que mon ignorance de la mer et de leur langue amusait beaucoup, et qui se divertirent à me faire connaître l'une et l'autre, avec une politesse d'autant plus grande que leur amiral me traitait comme son fils. Cependant une grande tristesse me prenait quand je voyais de loin les côtes blanches de la Normandie, et je me retirais pour ne pas pleurer. Je résistais à l'envie que j'en avais, parce que j'étais jeune et courageux; mais ensuite, dès que ma volonté ne surveillait plus mon cœur, dès que j'étais couché et endormi, les larmes sortaient de mes yeux malgré moi et trempaient mes joues et la toile de mon lit au point de me réveiller.

Un soir surtout, il y avait eu une prise nouvelle d'un brick français ; je l'avais vu périr de loin, sans que l'on pût sauver un seul homme de l'équipage, et, malgré la gravité et la retenue des officiers, il m'avait fallu entendre les cris et les hourras des matelots qui voyaient avec joie l'expédition s'évanouir et la mer engloutir goutte à goutte cette avalanche qui menaçait d'écraser leur patrie. Je m'étais retiré et caché tout le jour dans le réduit que lord Collingwood m'avait fait donner près de son appartement, comme pour mieux déclarer sa protection, et, quand la nuit fut venue, je montai seul sur le pont. J'avais senti l'ennemi autour de moi plus que jamais, et je me mis à réfléchir sur ma destinée sitôt arrêtée, avec une amertume plus grande. Il y avait un mois déjà que j'étais prisonnier de guerre, et l'amiral Collingwood, qui, en public, me traitait avec tant de bienveillance, ne m'avait parlé qu'un instant en particulier, le premier jour de mon arrivée à son bord ; il était bon, mais froid, et, dans ses manières, ainsi que dans celles des officiers anglais, il y avait un point où tous les épanchements s'arrêtaient et où la politique compassée se présentait comme une barrière sur tous les chemins. C'est à cela que se fait sentir la vie en pays étranger. J'y pensais avec une sorte de terreur ne considérant l'abjection de ma position qui pouvait durer jusqu'à la fin de la guerre, et je voyais comme inévitable le sacrifice de ma jeunesse, anéantie dans la honteuse inutilité du prisonnier. La frégate marchait rapidement, toutes voiles dehors, et je ne la sentais pas aller. J'avais appuyé mes deux mains, et, ainsi penché, je regardais dans l'eau de la mer. Ses profondeurs vertes et sombres me donnaient une sorte de vertige, et le silence de la nuit n'était interrompu que par des cris anglais. J'espérai un moment que le navire m'emportait bien loin de la France et que je ne verrais plus le lendemain ces côtes droites et blanches, coupées dans la bonne terre chérie de mon pauvre pays. — Je pensais que je serais ainsi délivré du désir perpétuel que me donnait cette vue et que je n'aurais pas, du moins, ce supplice de ne pouvoir songer à m'échapper sans déshonneur, supplice de Tantale, où une soif avide de la patrie devait me dévorer pour longtemps.

J'étais accablé de ma solitude et je souhaitais une prochaine occasion de me faire tuer. Je rêvais à composer ma mort habilement et à la manière grande et grave des anciens. J'imaginais une fin héroïque et digne de celles qui avaient été le sujet de tant de conversations de pages et d'enfants guerriers, l'objet de tant d'envie parmi mes compagnons. J'étais dans ces rêves qui, à dix-huit ans, ressemblent plutôt à une continuation d'action et de combat qu'à une sérieuse méditation, lorsque je me sentis doucement tirer par le bras, et, en me retournant, je vis, debout derrière moi, le bon amiral Collingwood.

Il avait à la main sa lunette de nuit et il était vêtu de son grand uniforme avec la rigide tenue anglaise. Il me mit une main sur l'épaule d'une façon paternelle, et je remarquai un air de mélancolie profonde dans ses grands yeux noirs et sur son front. Ses cheveux blancs, à demi poudrés, tombaient assez négligemment sur ses oreilles, et il y avait, à travers le calme inaltérable de sa voix et de ses manières, un fond de tristesse qui me frappa ce soir-là surtout, et me donna pour lui, tout d'abord, plus de respect et d'attention.

— Vous êtes déjà triste, mon enfant, me dit-il. J'ai quelques petites choses à vous dire ; voulez-vous causer un peu avec moi ?

Je balbutiai quelques paroles vagues de reconnaissance et de politesse qui n'avaient pas le sens commun probablement, car il ne les écouta pas et s'assit sur un banc, me tenant une main. J'étais debout devant lui.

— Vous n'êtes prisonnier que depuis un mois, reprit-il, et je le suis depuis trente-trois ans. Oui, mon ami, je suis prisonnier de la mer; elle me garde de tous côtés, toujours des flots et des flots; je ne vois qu'eux, je n'entends qu'eux. Mes cheveux ont blanchi sous leur écume, et mon dos s'est un peu voûté sous leur humidité. J'ai passé si peu de temps en Angleterre, que je ne la connais que par la carte. La patrie est un être idéal que je n'ai fait qu'entrevoir, mais que je sers en esclave et qui augmente pour moi de rigueur à mesure que je deviens plus nécessaire. C'est le sort commun et c'est même ce que nous devons le plus souhaiter que d'avoir de telles chaînes ; mais elles sont quelquefois bien lourdes.

Il s'interrompit un instant et nous nous tûmes tous deux, car je n'aurais pas osé dire un mot, voyant qu'il allait poursuivre.

— J'ai bien réfléchi, me dit-il, et je me suis interrogé sur mon devoir quand je vous ai eu à mon bord. J'aurais pu vous laisser conduire en Angleterre, mais vous auriez pu y tomber dans une misère dont je vous garantirai toujours et dans un désespoir dont j'espère aussi vous sauver;

j'avais pour votre père une amitié bien vraie, et je lui en donnerai ici une preuve ; s'il me voit, il sera content de moi, n'est-ce pas ?

L'amiral se tut encore et me serra la main. Il s'avança même dans la nuit et me regarda attentivement, pour voir ce que j'éprouvais à mesure qu'il me parlait. Mais j'étais trop interdit pour lui répondre. Il poursuivit plus rapidement :

— J'ai déjà écrit à l'Amirauté pour qu'au premier échange vous fussiez renvoyé en France. Mais cela pourra être long, ajouta-t-il, je ne vous le cache pas ;

car, outre que Bonaparte s'y prête mal, on nous fait peu de prisonniers. — En attendant, je veux vous dire que je vous verrais avec plaisir étudier la langue de vos ennemis, vous voyez que nous savons la vôtre. Si vous voulez, nous travaillerons ensemble et je vous prêterai Shakspeare et le capitaine Cook. — Ne vous affligez pas, vous serez libre avant moi, car, si l'Empereur ne fait la paix, j'en ai pour toute ma vie.

Ce ton de bonté, par lequel il s'associait à moi et nous faisait camarades dans sa prison flottante, me fit de la peine pour lui ; je sentis que, dans cette vie sacrifiée et isolée, il avait besoin de faire du bien pour se consoler secrètement de la rudesse de sa mission toujours guerroyante.

— Milord, lui dis-je, avant de m'enseigner les mots d'une langue nouvelle, apprenez-moi les pensées par lesquelles vous êtes parvenu à ce calme parfait, à cette égalité d'âme qui ressemble à du bonheur, et qui cache un éternel ennui... Pardonnez-moi ce que je vais vous dire, mais je crains que cette vertu ne soit qu'une dissimulation perpétuelle.

— Vous vous trompez grandement,

dit-il, le sentiment du Devoir finit par dominer tellement l'esprit, qu'il entre dans le caractère et devient un de ses traits principaux, justement comme une saine nourriture, perpétuellement reçue, peut changer la masse du sang et devenir un des principes de notre constitution. J'ai éprouvé, plus que tout homme peut-être, à quel point il est facile d'arriver à s'oublier complétement. Mais on ne peut dépouiller l'homme tout entier, et il y a des choses qui tiennent plus au cœur que l'on ne voudrait.

Là, il s'interrompit et prit sa longue

lunette. Il la plaça sur mon épaule pour observer une lumière lointaine qui glissait à l'horizon, et, sachant à l'instant au mouvement ce que c'était : — Bateaux pêcheurs, — dit-il, et il se plaça près de moi, assis sur le bord du navire. Je voyais qu'il avait depuis longtemps quelque chose à me dire qu'il n'abordait pas.

— Vous ne me parlez jamais de votre père, me dit-il tout à coup ; je suis étonné que vous ne m'interrogiez pas sur lui, sur ce qu'il a souffert, sur ce qu'il a dit, sur ses volontés.

Et comme la nuit était très-claire, je

vis encore que j'étais attentivement observé par ses grands yeux noirs.

— Je craignais d'être indiscret... lui dis-je avec embarras.

Il me serra le bras, comme pour m'empêcher de parler davantage.

— Ce n'est pas cela, dit-il, *my child*, ce n'est pas cela.

Et il secouait la tête avec doute et bonté.

— J'ai trouvé peu d'occasions de vous parler, milord.

— Encore moins, interrompit-il ; vous

m'auriez parlé de cela tous les jours, si vous l'aviez voulu.

Je remarquai de l'agitation et un peu de reproche dans son accent. C'était là ce qui lui tenait au cœur. Je m'avisai encore d'une autre sorte de réponse pour me justifier ; car rien ne rend aussi niais que les mauvaises excuses.

— Milord, lui dis-je, le sentiment humiliant de la captivité absorbe plus que vous ne pouvez croire. Et je me souviens que je crus prendre en disant cela un air de dignité et une contenance de Régulus, propres à lui donner un grand respect pour moi.

— Ah! pauvre garçon! pauvre enfant! — *poor boy !* me dit-il, vous n'êtes pas dans le vrai. Vous ne descendez pas en vous-même. Cherchez bien, et vous trouverez une indifférence dont vous n'êtes pas comptable, mais bien la destinée militaire de votre pauvre père.

Il avait ouvert le chemin à la vérité, je la laissai partir.

— Il est certain, dis-je, que je ne connaissais pas mon père, je l'ai à peine vu à Malte, une fois.

— Voilà le vrai ! cria-t-il. Voilà le cruel, mon ami ! Mes deux filles diront un jour comme cela. Elles diront : *Nous ne connaissons pas notre père!* Sarah et Mary diront cela ! et cependant je les aime avec un cœur ardent et tendre, je les élève de loin, je les surveille de mon vaisseau, je leur écris tous les jours, je dirige leurs lectures, leurs travaux, je leur envoie des idées et des sentiments, je reçois en échange leurs confidences d'enfants ; je les gronde, je m'apaise, je me réconcilie avec elles ; je sais tout ce qu'elles font ! je sais quel jour elles ont été au temple avec de trop belles robes. Je donne à leur mère de continuelles instructions pour elles, je prévois d'avance qui les aimera, qui les demandera, qui les épousera; leurs maris seront mes fils ; j'en fais des femmes pieuses et simples : on ne peut pas être plus père que je ne le suis... Eh bien! tout cela n'est rien, parce qu'elles ne me voient pas.

Il dit ces derniers mots d'une voix émue, au fond de laquelle on sentait des larmes... Après un moment de silence, il continua :

— Oui, Sarah ne s'est jamais assise sur

mes genoux que lorsqu'elle avait deux ans, et je n'ai tenu Mary dans mes bras que lorsque ses yeux n'étaient pas ouverts encore. Oui, il est juste que vous ayez été indifférent pour votre père et qu'elles le deviennent un jour pour moi. On n'aime pas un invisible. — Qu'est-ce pour elles que leur père ? Une lettre de chaque jour; un conseil plus ou moins froid. — On n'aime pas un conseil, on aime un être, — et un être qu'on ne voit pas n'est pas, on ne l'aime pas, — et quand il est mort, il n'est pas plus absent qu'il n'était déjà, — et on ne le pleure pas.

Il étouffait et il s'arrêta. — Ne voulant pas aller plus loin dans ce sentiment de douleur devant un étranger, il s'éloigna, il se promena quelque temps et marcha sur le pont de long en large. Je fus d'abord très-touché de cette vue, et ce fut un remords qu'il me donna de n'avoir pas assez senti ce que vaut un père, et je dus à cette soirée la première émotion bonne, naturelle, sainte, que mon cœur ait éprouvée. A ces regrets profonds, à cette tristesse insurmontable au milieu du plus brillant éclat militaire, je compris tout ce que j'avais perdu en ne connaissant pas l'amour du foyer qui pouvait laisser dans un grand cœur de si cuisants regrets ; je compris tout ce qu'il y avait de factice dans notre éducation barbare et brutale, dans notre besoin insatiable d'action étourdissante ; je vis, comme par une révélation soudaine du cœur, qu'il y avait une vie adorable et regrettable dont j'avais été arraché violemment, une vie véritable d'amour paternel, en échange de laquelle on nous faisait une vie fausse, toute composée de haines et de toutes sortes de vanités puériles ; je compris qu'il n'y avait qu'une chose plus belle que la famille et à laquelle on pût saintement l'immoler : c'était l'autre famille, la Patrie. Et tandis que le vieux brave, s'éloignant de moi, pleurait parce qu'il était bon, je mis ma tête dans mes deux mains, et je pleurai de ce que j'avais été jusquelà si mauvais.

Après quelques minutes, l'amiral revint à moi.

— J'ai à vous dire, reprit-il d'un ton plus ferme, que nous ne tarderons pas à nous rapprocher de la France. Je suis une éternelle sentinelle placée devant vos ports. Je n'ai qu'un mot à ajouter, et j'ai voulu que ce fût seul à seul : souvenez-vous que vous êtes ici sur votre parole, et que je ne vous surveillerai point ; mais, mon enfant, plus le temps passera, plus l'épreuve sera forte. Vous êtes bien jeune encore ; si la tentation devient trop grande pour que votre courage y résiste, venez me trouver quand vous craindrez de succomber, et ne vous cachez pas de moi, je vous sauverai d'une action déshonorante que, par malheur pour leurs noms, quelques officiers ont commise. Souvenez-vous qu'il est permis de rompre une chaîne de galérien, si l'on peut, mais non une parole d'honneur. — Et il me quitta sur ces derniers mots en me serrant la main.

Je ne sais si vous avez remarqué, en vivant, monsieur, que les révolutions qui s'accomplissent dans notre âme dépendent souvent d'une journée, d'une heure, d'une conversation mémorable et imprévue qui nous ébranle et jette en nous comme des germes tout nouveaux qui croissent lentement, dont le reste de nos actions est seulement la conséquence et le naturel développement. Telles furent pour moi la matinée de Fontainebleau et la nuit du

vaisseau anglais. L'amiral Collingwood
me laissa en proie à un combat nouveau.
Ce qui n'était en moi qu'un ennui profond
de la captivité et une immense et juvénile
impatience d'agir, devint un besoin effréné de la Patrie ; à voir quelle douleur
minait à la longue un homme toujours sé-
paré de la terre maternelle, je me sentis
une grande hâte de connaître et d'adorer
la mienne ; je m'inventai des biens pas-
sionnés qui ne m'attendaient pas en effet ;
je m'imaginai une famille et me mis à rê-
ver à des parents que j'avais à peine connus et que je me reprochais de n'avoir

pas assez chéris, tandis qu'habitués à me compter pour rien ils vivaient dans leur froideur et leur égoïsme, parfaitement indifférents à mon existence abandonnée et manquée. Ainsi le bien même tourna au mal en moi ; ainsi le sage conseil que le brave amiral avait cru devoir me donner, il me l'avait apporté tout entouré d'une émotion qui lui était propre et qui parlait plus haut que lui ; sa voix troublée m'avait plus touché que la sagesse de ses paroles ; et tandis qu'il croyait resserrer ma chaîne, il avait excité plus vivement en moi le désir effréné de la rompre. —

Il en est ainsi presque toujours de tous les conseils écrits ou parlés. L'expérience seule et le raisonnement qui sort de nos propres réflexions peuvent nous instruire. Voyez, vous qui vous en mêlez, l'inutilité des belles-lettres. A quoi servez-vous ? qui convertissez-vous ? et de qui êtes-vous compris, s'il vous plaît ? Vous faites presque toujours réussir la cause contraire à celle que vous plaidez. Regardez, il y en a un qui fait de Clarisse le plus beau poëme épique possible sur la vertu de la femme ; — qu'arrive-t-il ? On prend le contre-pied et l'on se passionne pour Lovelace, qu'elle écrase pourtant de sa splendeur virginale, que le viol même n'a pas ternie; pour Lovelace, qui se traîne en vain à genoux pour implorer la grâce de sa victime sainte, et ne peut fléchir cette âme que la chute de son corps n'a pu souiller. Tout tourne mal dans les enseignements. Vous ne servez à rien qu'à remuer des vices, qui, fiers de ce que vous les peignez, viennent se mirer dans votre tableau et se trouver beaux. — Il est vrai que cela vous est égal; mais mon simple et bon Collingwood m'avait pris vraiment en amitié, et ma conduite ne lui était pas indifférente. Aussi trouva-t-il d'abord beaucoup de plaisir à me voir livré à des études sérieuses et constantes. Dans ma retenue habituelle et mon silence il trouvait aussi quelque chose qui sympathisait avec la gravité anglaise, et il prit l'habitude de s'ouvrir à moi dans mainte occasion et de me confier des affaires qui n'étaient pas sans importance. Au bout de quelque temps, on me considéra comme son secrétaire et son parent, et je parlais assez bien l'anglais pour ne plus paraître trop étranger.

Cependant c'était une vie cruelle que

je menais, et je trouvais bien longues les journées mélancoliques de la mer. Nous ne cessâmes, durant des années entières, de rôder autour de la France, et sans cesse je voyais se dessiner à l'horizon les côtes de cette terre que Grotius a nommée — le plus beau royaume après celui du ciel ; — puis nous retournions à la mer, et il n'y avait plus autour de moi, pendant des mois entiers, que des brouillards et des montagnes d'eau. Quand un navire passait près de nous ou loin de nous, c'est qu'il était anglais ; aucun autre n'avait permission de se livrer au vent, et l'Océan n'entendait plus une parole qui ne fût anglaise. Les Anglais même en étaient attristés et se plaignaient qu'à présent l'Océan fût devenu un désert où ils se rencontraient éternellement, et l'Europe une forteresse qui leur était fermée. — Quelquefois ma prison de bois s'avançait si près de la terre, que je pouvais distinguer des hommes et des enfants qui marchaient sur le rivage. Alors le cœur me battait violemment, et une rage intérieure me dévorait avec tant de violence, que j'allais me cacher à fond de cale pour ne pas succomber au désir de me jeter à la nage; mais quand je revenais auprès de l'infatigable Collingwood, j'avais honte de mes faiblesses d'enfant, je ne pouvais me lasser d'admirer comment à une tristesse si profonde il unissait un courage si agissant. Cet homme qui, depuis quarante ans, ne connaissait que la guerre et la mer, ne cessait jamais de s'appliquer à leur étude comme à une science inépuisable. Quand un navire était las, il en montait un autre comme un cavalier impitoyable; il les usait et les tuait sous lui. Il en fatigua sept avec moi. Il passait les nuits tout habillé, assis sur ses canons, ne cessant de calculer l'art de tenir son navire immobile, en sentinelle, au même point de la mer, sans être à l'ancre, à travers les vents et les orages ; exerçait sans cesse ses équipages et veillait sur eux et pour eux ; cet homme n'avait joui d'aucune richesse ; et tandis qu'on le nommait pair d'Angleterre, il aimait sa soupière d'étain comme un matelot ; puis, redescendu chez lui, il redevenait père de famille et écrivait à ses filles de ne pas être de belles dames, de lire, non des romans, mais l'histoire des voyageurs, des essais et Shakspeare tant qu'il leur plairait

(*as often as they please*) ; il écrivait : —
« Nous avons combattu le jour de la naissance de ma petite Sarah, » — après la bataille de Trafalgar, que j'eus la douleur de lui voir gagner, et dont il avait tracé le plan avec son ami Nelson à qui il succéda. — Quelquefois il sentait sa santé s'affaiblir, il demandait grâce à l'Angleterre; mais l'inexorable lui répondait : *Restez en mer*, et lui envoyait une dignité ou une médaille d'or par chaque belle action ; sa poitrine en était surchargée. Il écrivait encore : « Depuis que j'ai quitté mon pays, je n'ai pas passé *dix jours* dans

un port, mes yeux s'affaiblissent ; quand je pourrai voir mes enfants, la mer m'aura rendu aveugle. Je gémis de ce que, sur tant d'officiers, il est difficile de me trouver un remplaçant supérieur en habileté. »

L'Angleterre répondait : *Vous resterez en mer, toujours en mer.* Et il resta jusqu'à sa mort.

Cette vie romaine et imposante m'écrasait par son élévation et me touchait par sa simplicité, lorsque je l'avais contemplée un jour seulement, dans sa résignation grave et réfléchie. Je me prenais en grand mépris, moi qui n'étais rien comme citoyen, rien comme père, ni comme fils, ni comme frère, ni homme de famille, ni homme public, de me plaindre quand il ne se plaignait pas. Il ne s'était laissé deviner qu'une fois malgré lui, et moi, fourmi d'entre les fourmis que foulait aux pieds le sultan de la France, je me reprochais mon désir secret de retourner me livrer au hasard de ses caprices et de redevenir un des grains de cette poussière qu'il pétrissait dans le sang. — La vue de ce vrai citoyen dévoué, non comme je l'avais été, à un homme, mais à la Patrie et au Devoir, me fut une heureuse rencontre, car j'appris, à cette école sévère, quelle est la véritable Grandeur que nous devons désormais chercher dans les armes, et combien, lorsqu'elle est ainsi comprise, elle élève notre profession au-dessus de toutes les autres, et peut laisser digne d'admiration la mémoire de quelques-uns de nous, quel que soit l'avenir de la guerre et des armées. Jamais aucun homme ne posséda à un plus haut degré cette paix intérieure qui naît du sentiment du Devoir sacré, et la modeste insouciance d'un soldat à qui il importe peu que son nom soit célèbre, pourvu que la chose publique prospère. Je lui vis écrire un jour : — « Maintenir l'indépendance de mon pays est la première volonté de ma vie, et j'aime mieux que mon corps soit ajouté au rempart de la Patrie que traîné dans une pompe inutile, à travers une foule oisive. — Ma vie et mes forces sont dues à l'Angleterre. — Ne parlez pas de ma blessure dernière, on croirait que je me glorifie de mes dangers. » — Sa tristesse était profonde, mais pleine de grandeur ; elle n'empêchait pas son activité perpétuelle, et il me donna la mesure de ce que doit être l'homme de guerre intelligent, exerçant, non en ambitieux, mais en artiste, *l'art de la guerre,* tout en le jugeant de haut et en le méprisant maintes fois, comme ce Montecuculli qui, Turenne étant tué, se retira, ne daignant plus engager la partie contre un joueur ordinaire. Mais j'étais trop jeune encore pour comprendre tous les mérites de ce caractère, et ce qui me saisit le plus fut l'ambition de tenir, dans mon pays, un rang pareil au sien. Lorsque je voyais les Rois du Midi lui demander sa protection, et Napoléon même s'émouvoir de l'espoir que Collingwood était dans les mers de l'Inde, j'en venais jusqu'à appeler de tous mes vœux l'occasion de m'échapper, et je poussai la hâte de l'ambition que je nourrissais toujours jusqu'à être près de manquer à ma parole. Oui, j'en vins jusque-là.

Un jour, le vaisseau *l'Océan,* qui nous portait, vint relâcher à Gibraltar. Je descendis à terre avec l'amiral, et en me promenant seul par la ville je rencontrai un officier du 7e hussards qui avait été fait prisonnier dans la campagne d'Espagne, et conduit à Gibraltar avec quatre de ses camarades. Ils avaient la ville pour prison, mais ils y étaient surveillés de près. J'avais connu cet officier en France. Nous nous retrouvâmes avec plaisir, dans une situation à peu près semblable. Il y avait si longtemps qu'un Français ne m'avait parlé français, que je le trouvai éloquent, quoiqu'il fût parfaitement sot, et, au bout d'un quart d'heure, nous nous ouvrîmes l'un à l'autre sur notre position. Il me dit tout de suite franchement qu'il allait se sauver avec ses camarades ; qu'ils avaient trouvé une occasion excellente, et qu'il ne se le ferait pas dire deux fois pour les suivre. Il m'engagea fort à en faire autant. Je lui répondis qu'il était bien heureux d'être gardé ; mais que moi, qui ne l'étais pas, je ne pouvais pas me sauver sans déshonneur, et que lui, ses compagnons et moi, n'étions point dans le même cas. Cela lui parut trop subtil.

— Ma foi, je ne suis pas casuiste, me dit-il, et si tu veux je t'enverrai à un évêque qui t'en dira son opinion. Mais à ta place je partirais. Je ne vois que deux choses, être libre ou ne pas l'être. Sais-tu bien que ton avancement est perdu, depuis plus de cinq ans que tu traînes dans ce sabot anglais ? Les lieutenants du même temps que toi sont déjà colonels.

Là-dessus ses compagnons survinrent, et m'entraînèrent dans une maison d'assez mauvaise mine, où ils buvaient du vin de Xérès, et là ils me citèrent tant de capitaines devenus généraux et de sous-lieutenants vice-rois, que la tête m'en tourna, et je leur promis de me trouver, le surlendemain à minuit, dans le même lieu. Un petit canot devait nous y prendre, loué à d'honnêtes contrebandiers qui nous conduiraient à bord d'un vaisseau français chargé de mener des blessés de notre armée à Toulon. L'invention me parut admirable, et mes bons compagnons m'ayant fait boire force rasades pour calmer les murmures de ma conscience, terminèrent leurs discours par un argument victorieux, jurant sur leur tête qu'on pourrait avoir, à la rigueur, quelques égards pour un honnête homme qui vous avait bien traité, mais que tout les confirmait dans la certitude qu'un Anglais n'était pas un homme.

Je revins assez pensif à bord de *l'Océan,* et lorsque j'eus dormi, et que je vis clair dans ma position en m'éveillant, je me demandai si mes compatriotes ne s'étaient point moqués de moi. Cependant le désir de la liberté et une ambition toujours poignante et excitée depuis mon enfance, me poussaient à l'évasion, malgré la honte que j'éprouvais de fausser mon serment. Je passai un jour entier près de l'amiral sans oser le regarder en face, et je m'étudiai à le trouver inférieur et d'intelligence étroite. — Je parlai tout haut à table, avec arrogance, de la grandeur de Napoléon ; je m'exaltai, je vantai son génie universel, qui devinait les lois en faisant les codes, et l'avenir en faisant des événements. J'appuyai avec insolence sur la supériorité de ce génie, comparée au médiocre talent des hommes de tactique et de manœuvre. J'espérais être contredit; mais, contre mon attente, je trouvai dans les officiers anglais plus d'admiration encore pour l'Empereur que je ne pouvais en montrer pour leur implacable ennemi. Lord Collingwood surtout, sortant de son silence triste et de ses méditations continuelles, le loua dans des termes si justes, si énergiques, si précis, faisant considérer à la fois, à ses officiers, la grandeur des prévisions de l'Empereur, la promptitude magique de son exécution, la fermeté de ses ordres, la certitude de son jugement, sa pénétration dans les négociations, sa justesse d'idées dans les conseils, sa grandeur dans les batailles, son calme dans les dangers, sa constance dans la préparation des entreprises, sa fierté dans l'attitude donnée à la France, et enfin toutes les qualités qui composent le grand homme, que je me demandai ce que l'histoire pourrait jamais ajouter à cet éloge, et je fus atterré, parce que j'avais cherché à m'irriter contre l'amiral, espérant lui entendre proférer des accusations injustes.

J'aurais voulu, méchamment, le mettre

dans son tort, et qu'un mot inconsidéré ou insultant de sa part servît de justification à la déloyauté que je méditais. Mais il semblait qu'il prît à tâche, au contraire, de redoubler de bontés, et son empressement faisant supposer aux autres que j'avais quelque nouveau chagrin dont il était juste de me consoler, ils furent tous pour moi plus attentifs et plus indulgents que jamais. J'en pris de l'humeur et je quittai la table.

L'amiral me conduisit encore à Gibraltar le lendemain, pour mon malheur. Nous y devions passer huit jours. — Le soir de l'évasion arriva. — Ma tête bouillonnait et je délibérais toujours. Je me donnais de spécieux motifs et je m'étourdissais sur leur fausseté ; il se livrait en moi un combat violent ; mais, tandis que mon âme se tordait et se roulait sur elle-même, mon corps, comme s'il eût été arbitre entre l'ambition et l'honneur, suivait, à lui tout seul, le chemin de la fuite. J'avais fait, sans m'en apercevoir moi-même, un paquet de mes hardes, et j'allais me rendre, de la maison de Gibraltar où nous étions, à celle du rendez-vous, lorsque tout à coup je m'arrêtai, et je sentis que cela était impossible. — Il y a dans les actions honteuses quelque chose d'empoisonné qui se fait sentir aux lèvres d'un homme de cœur sitôt qu'il touche les bords du vase de perdition. Il ne peut même pas y goûter sans être prêt à en mourir. — Quand je vis ce que j'allais faire et que j'allais manquer à ma parole, il me prit une telle épouvante que je crus que j'étais devenu fou. Je courus sur le rivage et m'enfuis de la maison fatale comme d'un hôpital de pestiférés, sans oser me retourner pour la regarder. — Je me jetai à la nage et j'abordai, dans la nuit, *l'Océan*, notre vaisseau, ma flottante prison. J'y montai avec emportement, me cramponnant à ses câbles ; et quand je fus sur le pont, je saisis le grand mât, je m'y attachai avec passion, comme à un asile qui me garantissait du déshonneur, et, au même instant, le sentiment de la Grandeur de mon sacrifice me déchirant le cœur, je tombai à genoux, et, appuyant mon front sur les cercles de fer du grand mât, je me mis à fondre en larmes comme un enfant. — Le capitaine de *l'Océan*, me voyant dans cet état, me crut ou fit semblant de me croire malade, et me fit porter dans ma chambre. Je le suppliai à grands cris de mettre une sentinelle à ma porte pour m'empêcher de sortir. On m'enferma et je respirai, délivré enfin du supplice d'être mon propre geôlier. Le lendemain, au jour, je me vis en pleine mer, et je jouis d'un peu plus de calme en perdant de vue la terre, objet de toute tentation malheureuse dans ma situation. J'y pensais avec plus de résignation, lorsque ma petite porte s'ouvrit, et le bon amiral entra seul.

— Je viens vous dire adieu, commença-t-il d'un air moins grave que de coutume ; vous partez pour la France demain matin.

— Oh! mon Dieu ! Est-ce pour m'éprouver que vous m'annoncez cela, milord ?

— Ce serait un jeu bien cruel, mon enfant, reprit-il ; j'ai déjà eu envers vous un assez grand tort. J'aurais dû vous laisser en prison dans *le Northumberland* en pleine terre et vous rendre votre parole. Vous auriez pu conspirer sans remords contre vos gardiens et user d'adresse, sans scrupule, pour vous échapper. Vous avez souffert davantage, ayant plus de liberté ; mais, grâce à Dieu ! vous avez résisté hier à une occasion qui vous déshonorait. — C'eût été échouer au port, car depuis quinze jours je négociais votre échange, que l'amiral Rosily vient de conclure. — J'ai tremblé pour vous hier, car je savais le projet de vos camarades. Je les ai laissés s'échapper à cause de vous, dans la crainte qu'en les arrêtant on ne vous arrêtât. Et comment aurions-nous fait pour cacher cela? Vous étiez perdu, mon enfant, et, croyez-moi, mal reçu des vieux braves de Napoléon. Ils ont le droit d'être difficiles en Honneur.

J'étais si troublé que je ne savais comment le remercier ; il vit mon embarras, et, se hâtant de couper les mauvaises phrases par lesquelles j'essayais de balbutier que je le regrettais :

— Allons, allons, me dit-il, pas de ce que nous appelons *French compliments :* nous sommes contents l'un de l'autre, voilà tout ; et vous avez, je crois, un proverbe qui dit : *Il n'y a pas de belle prison.*

— Laissez-moi mourir dans la mienne, mon ami ; je m'y suis accoutumé, moi, il l'a bien fallu. Mais cela ne durera plus bien longtemps ; je sens mes jambes trembler sous moi et s'amaigrir. Pour la quatrième fois, j'ai demandé le repos à lord Mulgrave, et il m'a encore refusé ; il m'a écrit qu'il ne sait comment me remplacer. Quand je serai mort, il faudra bien qu'il trouve quelqu'un cependant, et il ne ferait pas mal de prendre ses précautions.

— Je vais rester en sentinelle dans la Méditerranée ; mais vous, *my child*, ne perdez pas de temps. Il y a là un *sloop* qui doit vous conduire. Je n'ai qu'une chose à vous recommander, c'est de vous dévouer à un Principe plutôt qu'à un Homme. L'amour de votre Patrie en est un assez grand pour remplir tout un cœur et occuper toute une intelligence.

— Hélas! dis-je, milord, il y a des temps où l'on ne peut pas aisément savoir ce que veut la patrie. Je vais le demander à la mienne.

Nous nous dîmes encore une fois adieu, et, le cœur serré, je quittai ce digne homme, dont j'appris la mort peu de temps après. — Il mourut en pleine mer, comme il avait vécu durant quarante-neuf ans, sans se plaindre, ni se glorifier, et sans avoir revu ses deux filles. Seul et sombre comme un de ces vieux dogues d'Ossian qui gardent éternellement les côtes d'Angleterre dans les flots et les brouillards.

J'avais appris, à son école, tout ce que les exils de la guerre peuvent faire souffrir et tout ce que le sentiment du devoir peut dompter dans une grande âme ; bien pénétré de cet exemple et devenu plus grave par mes souffrances et le spectacle des siennes, je vins à Paris me présenter, avec l'expérience de ma prison, au maître tout-puissant que j'avais quitté.

VII

RÉCEPTION

VII

RÉCEPTION

Ici le capitaine Renaud s'étant interrompu, je regardai l'heure à ma montre. Il était deux heures après minuit. Il se leva et nous marchâmes au milieu des grenadiers. Un silence profond régnait partout. Beaucoup s'étaient assis sur leurs sacs et s'y étaient endormis. Nous nous plaçâmes à quelques pas de là, sur le parapet, et il continua son récit après avoir rallumé son cigare à la pipe d'un soldat. Il n'y avait pas une maison qui donnât signe de vie.

Dès que je fus arrivé à Paris, je voulus voir l'Empereur. J'en eus occasion au spectacle de la cour, où me conduisit un de mes anciens camarades, devenu colonel. C'était là-bas, aux Tuileries. Nous nous plaçâmes dans une petite loge, en face de la loge impériale, et nous attendîmes. Il n'y avait encore dans la salle que les Rois. Chacun d'eux, assis dans une loge, aux premières, avait autour de lui sa cour, et devant lui, aux galeries, ses aides de camp et ses généraux familiers. Les Rois de Westphalie, de Saxe et de Wurtemberg, tous les princes de la confédération du Rhin, étaient placés au même rang. Près d'eux, debout, parlant haut et vite, Murat, Roi de Naples, secouant ses cheveux noirs, bouclés comme une crinière, et jetant des regards de lion. Plus haut, le Roi d'Espagne, et seul, à l'écart, l'ambassadeur de Russie, le prince Kourakim, chargé d'épaulettes de diamants. Au parterre, la foule des généraux, des ducs, des princes, des colonels et des sénateurs. Partout en haut, les bras nus et les épaules découvertes, des femmes de la cour.

La loge que surmontait l'aigle était vide encore ; nous la regardions sans cesse. Après peu de temps, les Rois se levèrent et se tinrent debout. L'Empereur entra seul dans sa loge, marchant vite ; se jeta vite sur son fauteuil et lorgna en face de lui, puis se souvint que la salle entière était debout et attendait un regard, secoua la tête deux fois, brusquement et de mauvaise grâce, se retourna vite, et laissa les Reines et les Rois s'asseoir. Ses chambellans, habillés de rouge, étaient debout, derrière lui. Il leur parlait sans les regarder, et, de temps à autre, étendant la main pour recevoir une boîte d'or que l'un d'eux lui donnait et reprenait. Crescentini chantait *les Horaces*, avec une voix de séraphin qui sortait d'un visage étique et ridé. L'orchestre était doux et faible, par ordre de l'Empereur; voulant peut-être, comme les Lacédémoniens, être apaisé plutôt qu'excité par la musique. Il lorgna devant lui, et très-souvent de mon côté. Je reconnus ses grands yeux d'un gris vert, mais je n'aimai pas la graisse jaune qui avait englouti ses traits sévères. Il posa sa main gauche sur son œil gauche, pour mieux voir, selon sa coutume; je sentis qu'il m'avait reconnu. Il se retourna brusquement, ne regarda que la scène, et sortit bientôt. J'étais déjà sur son passage. Il marchait vite dans le corridor, et ses jambes grasses, serrées dans des bas de soie blancs, sa taille gonflée sous son habit vert, me le rendaient presque méconnaissable. Il s'arrêta court devant moi, et, parlant au colonel qui me présentait, au lieu de m'adresser directement la parole :

— Pourquoi ne l'ai-je vu nulle part ? encore lieutenant ?

— Il était prisonnier depuis 1804.

— Pourquoi ne s'est-il pas échappé ?

— J'étais sur parole, dis-je à demi-voix.

— Je n'aime pas les prisonniers, dit-il ; on se fait tuer. — Il me tourna le dos. Nous restâmes immobiles en haie ; et, quand toute sa suite eut défilé :

— Mon cher, me dit le colonel, tu vois bien que tu es un imbécile, tu as perdu ton avancement, et on ne t'en sait pas plus de gré.

VIII

LE CORPS-DE-GARDE RUSSE

VIII

LE CORPS-DE-GARDE RUSSE

— Est-il possible? dis-je en frappant du pied. Quand j'entends de pareils récits, je m'applaudis de ce que l'officier est mort en moi depuis plusieurs années. Il n'y reste plus que l'écrivain solitaire et indépendant qui regarde ce que va devenir sa liberté et ne veut pas la défendre contre ses anciens amis.

Et je crus trouver dans le capitaine Renaud des traces d'indignation, au souvenir de ce qu'il me racontait ; mais il souriait avec douceur et d'un air content.

— C'était tout simple, reprit-il. Ce colonel était le plus brave homme du monde ; mais il y a des gens qui sont, comme dit le mot célèbre, des *fanfarons de crimes* et de dureté. Il voulait me maltraiter parce que l'Empereur en avait donné l'exemple. Grosse flatterie de corps-de-garde.

Mais quel bonheur ce fut pour moi ! — Dès ce jour, je commençai à m'estimer intérieurement, à avoir confiance en moi, à sentir mon caractère s'épurer, se former, se compléter, s'affermir. Dès ce jour, je vis clairement que les événements ne sont rien, que l'homme intérieur est tout, je me plaçai bien au-dessus de mes juges. Enfin je sentis ma conscience, je résolus de m'appuyer uniquement sur elle, de considérer les jugements publics, les récompenses éclatantes, les fortunes rapides, les réputations de bulletin, comme de ridicules forfanteries et un jeu de hasard qui ne valait pas la peine qu'on s'en occupât.

J'allai vite à la guerre me plonger dans les rangs inconnus, l'infanterie de ligne, l'infanterie de bataille, où les paysans de l'armée se faisaient faucher par mille à la fois, aussi pareils, aussi égaux que les blés d'une grasse prairie de la Beauce. — Je me cachai là comme un chartreux dans son cloître ; et du fond de cette foule armée, marchant à pied comme les soldats, portant un sac et mangeant leur pain, je fis les grandes guerres de l'Empire tant que l'Empire fut debout. — Ah ! si vous saviez comme je me sentis à l'aise dans ces fatigues inouïes ! Comme j'aimais cette obscurité et quelles joies sauvages me donnèrent les grandes batailles ! La beauté de la guerre est au milieu des soldats, dans la vie du camp, dans la boue des marches et du bivouac. Je me vengeais de Bonaparte en servant la Patrie, sans rien tenir de Napoléon ; et quand il passait devant mon régiment, je me cachais de crainte d'une faveur. L'expérience m'avait fait mesurer les dignités et le Pouvoir à leur juste valeur ; je n'aspirais plus à rien qu'à prendre de chaque conquête de nos armes la part d'orgueil qui devait me revenir selon mon propre sentiment; je voulais être citoyen, où il était encore permis de l'être, et à ma manière. Tantôt mes services étaient inaperçus, tantôt élevés au-dessus de leur mérite, et moi je ne cessais de les tenir dans l'ombre, de tout mon pouvoir, redoutant surtout que mon nom fût trop prononcé. La foule était si grande de ceux qui suivaient une marche contraire, que l'obscurité me fut aisée, et je n'étais encore que lieutenant de la Garde Impériale en 1814, quand je reçus au front cette blessure que vous voyez, et qui, ce soir, me fait souffrir plus qu'à l'ordinaire.

Ici le capitaine Renaud passa plusieurs fois la main sur son front, et, comme il semblait vouloir se taire, je le pressai de poursuivre, avec assez d'instance pour qu'il cédât.

Il appuya sa tête sur la pomme de sa canne de jonc.

— Voilà qui est singulier, dit-il, je n'ai jamais raconté tout cela, et ce soir j'en ai envie. — Bah! n'importe! j'aime à m'y laisser aller avec un ancien camarade. Ce sera pour vous un objet de réflexions sérieuses quand vous n'aurez rien de mieux à faire. Il me semble que cela n'en est pas indigne. Vous me croirez bien faible ou bien fou; mais c'est égal. Jusqu'à l'événement, assez ordinaire pour d'autres, que je vais vous dire et dont je recule le récit malgré moi parce qu'il me fait mal, mon amour de la gloire des armes était devenu sage, grave, dévoué et parfaitement pur, comme est le sentiment simple et unique du devoir; mais, à dater de ce jour-là, d'autres idées vinrent assombrir encore ma vie.

C'était en 1814; c'était le commencement de l'année et la fin de cette sombre guerre où notre pauvre armée défendait l'Empire et l'Empereur, et où la France regardait le combat avec découragement. Soissons venait de se rendre au Prussien Bulow. Les armées de Silésie et du Nord y avaient fait leur jonction. Macdonald avait quitté Troyes et abandonné le bassin de l'Yonne pour établir sa ligne de défense de Nogent à Montereau, avec trente mille hommes.

Nous devions attaquer Reims que l'Empereur voulait reprendre. Le temps était sombre et la pluie continuelle. Nous avions perdu la veille un officier supérieur qui conduisait des prisonniers. Les Russes l'avaient surpris et tué dans la nuit précédente, et ils avaient délivré leurs camarades. Notre colonel, qui était ce qu'on nomme un *dur à cuire,* voulut reprendre sa revanche. Nous étions près d'Épernay et nous tournions les hauteurs qui l'environnent. Le soir venait, et, après avoir occupé le jour entier à nous refaire, nous passions près d'un joli château blanc à tourelles, nommé Boursault, lorsque le colonel m'appela. Il m'emmena à part, pendant qu'on formait les faisceaux, et me dit de sa vieille voix enrouée :

— Vous voyez bien là-haut une grange, sur cette colline coupée à pic ; là où se promène ce grand nigaud de factionnaire russe avec son bonnet d'évêque ?

— Oui, oui, dis-je, je vois parfaitement le grenadier et la grange.

— Eh bien, vous qui êtes un ancien, il faut que vous sachiez que c'est là le point que les Russes ont pris avant-hier et qui occupe le plus l'Empereur pour le quart d'heure. Il me dit que c'est la clef de Reims, et ça pourrait bien être. En tout cas, nous allons jouer un tour à Worouzoff. A onze heures du soir, vous prendrez deux cents de vos lapins, vous surprendrez le corps-de-garde qu'ils ont établi dans cette grange. Mais, de peur de donner l'alarme, vous enlèverez ça à la baïonnette.

Il prit et m'offrit une prise de tabac, et, jetant le reste peu à peu, comme je fais là, il me dit, en prononçant un mot à chaque grain semé au vent :

— Vous sentez bien que je serai par là, derrière vous, avec ma colonne. — Vous n'aurez guère perdu que soixante hommes, vous aurez les six pièces qu'ils ont placées là... Vous les tournerez du côté de Reims... A onze heures... onze heures et demie, la position sera à nous. Et nous dormirons jusqu'à trois heures pour nous reposer un peu... de la petite affaire de Craonne, qui n'était pas, comme on dit, piquée des vers.

— Ça suffit, lui dis-je ; et je m'en allai, avec mon lieutenant en second, préparer un peu notre soirée. L'essentiel, comme vous voyez, était de ne pas faire de bruit. Je passai l'inspection des armes et je fis enlever, avec le tire-bourre, les cartouches de toutes celles qui étaient chargées. Ensuite, je me promenai quelque temps avec mes sergents, en attendant l'heure. A dix heures et demie, je leur fis mettre leur capote sur l'habit et le fusil caché sous la capote ; car, quelque chose qu'on fasse, comme vous voyez ce soir, la baïonnette se voit toujours, et quoiqu'il fît autrement sombre qu'à présent, je ne m'y fiais pas. J'avais observé les petits sentiers bordés de haies qui conduisaient au corps-de-garde russe, et j'y fis monter les plus déterminés gaillards que j'aie jamais commandés. — Il y en a encore là, dans les rangs, deux qui y étaient et s'en souviennent bien. — Ils avaient l'habitude des Russes, et savaient comment les prendre. Les factionnaires que nous rencontrâmes en montant disparurent sans bruit, comme des roseaux que l'on couche par terre avec la main. Celui qui était devant les armes demandait plus de soin. Il était immobile, l'arme au pied et le menton sur son fusil ; le pauvre diable se balançait comme un homme qui s'endort de fatigue et va tomber. Un de mes grenadiers le prit dans ses bras en le serrant à l'étouffer, et deux autres, l'ayant bâillonné, le jetèrent dans les broussailles.

J'arrivai lentement et je ne pus me défendre, je l'avoue, d'une certaine émotion que je n'avais jamais éprouvée au moment des autres combats. C'était la honte d'attaquer des gens couchés. Je les voyais, roulés dans leurs manteaux, éclairés par une lanterne sourde, et le cœur me battit violemment. Mais tout à coup, au moment d'agir, je craignis que ce ne fût une faiblesse qui ressemblât à celle des lâches, j'eus peur d'avoir senti la peur une fois, et, prenant mon sabre caché sous mon bras, j'entrai le premier, brusquement, donnant l'exemple à mes grenadiers. Je leur fis un geste qu'ils comprirent ; ils se jetèrent d'abord sur les armes, puis sur les hommes, comme des loups sur un troupeau. Oh ! ce fut une boucherie sourde et horrible ! la baïonnette perçait, la crosse assommait, le genou étouffait, la main étranglait. Tous les cris à peine poussés étaient éteints sous les pieds de nos soldats, et nulle tête ne se soulevait sans recevoir le coup mortel. En entrant, j'avais frappé au hasard un coup terrible, devant moi, sur quelque chose de noir que j'avais traversé d'outre en outre : un vieux officier, homme grand et fort, la tête chargée de cheveux blancs, se leva comme un fantôme, jeta un cri affreux en voyant ce que j'avais fait, me frappa à la figure d'un coup d'épée violent, et tomba mort à l'instant sous les baïonnettes. Moi, je tombai assis à côté de lui, étourdi du coup porté entre les yeux, et j'entendis sous moi la voix mourante et tendre d'un enfant qui disait : Papa...

Je compris alors mon œuvre, et j'y regardai avec un empressement frénétique. Je vis un de ces officiers de quatorze ans, si nombreux dans les armées russes qui nous envahirent à cette époque, et que l'on traînait à cette terrible école. Ses longs cheveux bouclés tombaient sur sa poitrine, aussi blonds, aussi soyeux que ceux d'une femme, et sa tête s'était penchée comme s'il n'eût fait que s'endormir une seconde fois. Ses lèvres roses, épanouies comme celles d'un nouveau-né, semblaient encore engraissées par le lait de la nourrice, et ses grands yeux bleus entr'ouverts avaient une beauté de forme candide, féminine et caressante. Je le soulevai sur un bras, et sa joue tomba sur ma joue ensanglantée, comme s'il allait cacher sa tête entre le menton et l'épaule de sa mère pour se réchauffer. Il semblait se blottir sous ma poitrine pour fuir ses meurtriers. La tendresse filiale, la confiance et le repos d'un sommeil délicieux reposaient sur sa figure morte, et il paraissait me dire : Dormons en paix.

— Était-ce là un ennemi? m'écriai-je.

— Et ce que Dieu a mis de paternel dans les entrailles de tout homme s'émut et tressaillit en moi ; je le serrais contre ma poitrine, lorsque je sentis que j'appuyais sur moi la garde de mon sabre qui traversait son cœur et qui avait tué cet ange endormi. Je voulus pencher ma tête sur sa tête, mais mon sang le couvrit de larges tâches ; je sentis la blessure de mon front, et je me souvins qu'elle m'avait été faite par son père. Je regardai honteusement de côté, et je ne vis qu'un amas de corps que mes grenadiers tiraient par les pieds et jetaient dehors, ne leur prenant que des cartouches. En ce moment, le Colonel entra suivi de la colonne, dont j'entendis le pas et les armes.

— Bravo ! mon cher, me dit-il, vous avez enlevé ça lestement. Mais vous êtes blessé ?

— Regardez cela, dis-je ; quelle différence y a-t-il entre moi et un assassin ?

— Eh ! sacredié, mon cher, que voulez-vous ? c'est le métier.

— C'est juste, répondis-je, et je me levai pour aller reprendre mon commandement. L'enfant retomba dans les plis de son manteau dont je l'enveloppai, et sa petite main ornée de grosses bagues laissa échapper une canne de jonc, qui tomba sur ma main comme s'il me l'eût donnée. Je la pris ; je résolus, quels que fussent mes périls à venir, de n'avoir plus d'autre arme, et je n'eus pas l'audace de retirer de sa poitrine mon sabre d'égorgeur.

Je sortis à la hâte de cet antre qui puait le sang, et quand je me trouvai au grand air, j'eus la force d'essuyer mon front rouge et mouillé. Mes grenadiers étaient à leurs rangs ; chacun essuyait froidement sa baïonnette dans le gazon et raffermissait sa pierre à feu dans la batterie. Mon sergent-major, suivi du fourrier, marchait devant les rangs, tenant sa liste à la main et lisant à la lueur d'un bout de chandelle planté dans le canon de son fusil comme dans un flambeau, il faisait paisiblement l'appel. Je m'appuyai contre un arbre, et le chirurgien-major vint me bander le front. Une large pluie de mars tombait sur ma tête et me faisait quelque bien. Je ne pus m'empêcher de pousser un profond soupir.

— Je suis las de la guerre, dis-je au chirurgien.

— Et moi aussi, dit une voix grave que je connaissais.

Je soulevai le bandage de mes sourcils, et je vis, non pas Napoléon empereur, mais Bonaparte soldat. Il était seul, triste, à pied, debout devant moi, ses bottes enfoncées dans la boue, son habit déchiré, son chapeau ruisselant la pluie par les bords; il sentait ses derniers jours venus, et regardait autour de lui ses derniers soldats.

Il me considérait attentivement.

— Je t'ai vu quelque part, dit-il, grognard ?

A ce dernier mot, je sentis qu'il ne me disait là qu'une phrase banale, je savais que j'avais vieilli de visage plus que d'années, et que fatigue, moustaches et blessures me déguisaient assez.

— Je vous ai vu partout, sans être vu, répondis-je.

— Veux-tu de l'avancement ?

Je dis : — Il est bien tard.

Il croisa les bras un moment sans répondre, puis :

— Tu as raison, va, dans trois jours, toi et moi nous quitterons le service.

Il me tourna le dos et remonta sur son cheval, tenu à quelques pas. En ce moment, notre tête de colonne avait attaqué et l'on nous lançait des obus. Il en tomba un devant le front de ma compagnie, et quelques hommes se jetèrent en arrière, par un premier mouvement dont ils eurent honte. Bonaparte s'avança seul sur l'obus qui brûlait et fumait devant son cheval, et lui fit flairer cette fumée. Tout se tut et resta sans mouvement; l'obus éclata et n'atteignit personne. Les grenadiers sentirent la leçon terrible qu'il leur donnait; moi j'y sentis quelque chose qui tenait du désespoir. La France lui manquait, et il avait douté un instant de ses vieux braves. Je me trouvai trop vengé et lui trop puni de ses fautes par un si grand abandon. Je me levai avec effort, et, m'approchant de lui, je pris et serrai la main qu'il tendait à plusieurs d'entre nous. Il ne me reconnut point, mais ce fut pour moi une réconciliation tacite entre le plus obscur et le plus illustre des hommes de notre siècle. — On battit la charge, et, le lendemain au jour, Reims fut repris par nous. Mais, quelques jours après, Paris l'était par d'autres.

———

Le capitaine Renaud se tut longtemps après ce récit, et demeura la tête baissée sans que je voulusse interrompre sa rêverie. Je considérais ce brave homme avec vénération, et j'avais suivi attentivement, tandis qu'il avait parlé, les transformations lentes de cette âme bonne et simple, toujours repoussée dans ses donations expansives d'elle-même, toujours écrasée par un ascendant invincible, mais parvenue à trouver le repos dans le plus humble et le plus austère Devoir. — Sa vie inconnue me paraissait un spectacle intérieur aussi beau que la vie éclatante de quelque homme d'action que ce fût. — Chaque vague de la mer ajoute un voile blanchâtre aux beautés d'une perle, chaque flot travaille lentement à la rendre plus parfaite, chaque flocon d'écume qui se balance sur elle lui laisse une teinte mystérieuse à demi dorée, à demi transparente, où l'on peut seulement deviner un rayon intérieur qui part de son cœur; c'était tout à fait ainsi que s'était formé ce caractère dans de vastes bouleversements et au fond des plus sombres et perpétuelles épreuves. Je savais que jusqu'à la mort de l'Empereur il avait regardé comme un devoir de ne point servir, respectant, malgré toutes les instances de ses amis, ce qu'il nommait les convenances; et, depuis, affranchi du lien de son ancienne promesse à un maître qui ne le connaissait plus, il était revenu commander, dans la Garde Royale, les restes de sa vieille garde; et comme il ne parlait jamais de lui-même, on n'avait point pensé à lui et il n'avait point eu d'avancement.

— Il s'en souciait peu, et il avait coutume de dire qu'à moins d'être général à vingt-cinq ans, âge où l'on peut mettre en œuvre son imagination, il valait mieux demeurer simple capitaine, pour vivre avec les soldats en père de famille, en prieur du couvent.

— Tenez, me dit-il après ce moment de repos, regardez notre vieux grenadier Poirier, avec ses yeux sombres et louches, sa tête chauve et ses coups de sabre sur la joue, lui que les maréchaux de France s'arrêtent à admirer quand il leur présente les armes à la porte du roi ; voyez Beccaria avec son profil de vétéran romain, Fréchou avec sa moustache blanche ; voyez tout ce premier rang décoré, dont les bras portent trois chevrons ! qu'auraient-ils dit, ces vieux moines de la vieille armée qui ne voulurent jamais être autre chose que des grenadiers, si je leur avais manqué ce matin, moi qui les commandais encore il y a quinze jours ? — Si j'avais pris depuis plusieurs années des habitudes de foyer et de repos, ou un autre état, c'eût été différent; mais ici, je n'ai en vérité que le mérite qu'ils ont. D'ailleurs, voyez comme tout est calme ce soir à Paris, calme comme l'air, ajouta-t-il en se levant ainsi que moi. Voici le jour qui va venir; on ne recommencera pas, sans doute, à casser les lanternes, et demain nous rentrerons au quartier. Moi, dans quelques jours, je serai probablement retiré dans un petit coin de terre que j'ai quelque part en France, où il y a une petite tourelle, dans laquelle j'achèverai d'étudier Polybe, Turenne, Folard et Vauban, pour m'amuser. Presque tous mes camarades ont été tués à la Grande-Armée, ou sont mort depuis ; il y a longtemps que je ne cause plus avec personne, et vous savez par quel chemin je suis arrivé à haïr la guerre, tout en la faisant avec énergie.

Là-dessus il me secoua vivement la main et me quitta en me demandant encore le hausse-col qui lui manquait, si le mien n'était pas rouillé et si je le trouvais chez moi. Puis il me rappela et me dit :

— Tenez, comme il n'est pas entièrement impossible que l'on fasse encore feu sur nous de quelque fenêtre, gardez-moi, je vous prie, ce portefeuille plein de vieilles lettres, qui m'intéressent, moi seul, et que vous brûleriez si nous ne nous retrouvions plus.

Il nous est venu plusieurs de nos anciens camarades, et nous les avons priés de se retirer chez eux. — Nous ne faisons point la guerre civile, nous. Nous sommes calmes comme des pompiers dont le devoir est d'éteindre l'incendie. On s'expliquera ensuite, cela ne nous regarde pas.

Et il me quitta en souriant.

# IX

UNE BILLE

IX

UNE BILLE

Quinze jours après cette conversation que la révolution même ne m'avait point fait oublier, je réfléchissais seul à l'héroïsme modeste et au désintéressement, si rares tous les deux ! Je tâchais d'oublier le sang pur qui venait de couler, et je relisais dans l'histoire d'Amérique comment, en 1783, l'Armée anglo-américaine toute victorieuse, ayant posé les armes et délivré la Patrie, fut prête à se révolter contre le congrès qui, trop pauvre pour lui payer sa solde, s'apprêtait à la licencier; Washington, généralissime et vainqueur, n'avait qu'un mot à dire ou un signe de tête à faire pour être Dictateur; il fit ce que lui seul avait le pouvoir d'accomplir : il licencia l'armée et donna sa démission. — J'avais posé le livre et je comparais cette grandeur sereine à nos ambitions inquiètes. J'étais triste et me rappelais toutes les âmes guerrières et pures, sans faux éclat, sans charlatanisme, qui n'ont aimé le Pouvoir et le commandement que pour le bien public, l'ont gardé sans orgueil, et n'ont su ni le tourner contre la Patrie, ni le convertir en or ; je songeais à tous les hommes qui ont fait la guerre avec l'intelligence de ce qu'elle vaut, je pensais au bon Collingwood, si résigné, et enfin à l'obscur capitaine Renaud, lorsque je vis entrer un homme de haute taille, vêtu d'une longue capote bleue en assez mauvais état. A ses moustaches blanches, aux cicatrices de son visage cuivré, je reconnus un des grenadiers de sa compagnie; je lui demandai s'il était vivant encore, et l'émotion de ce brave homme me fit voir qu'il était arrivé malheur. Il s'assit, s'essuya le front, et quand il se fut remis, après quelques soins et un peu de temps, il me dit ce qui lui était arrivé.

Pendant les deux jours du 28 et du 29 juillet, le capitaine Renaud n'avait fait autre chose que marcher en colonne, le long des rues, à la tête de ses grenadiers; il se plaçait devant la première section de sa colonne, et allait paisiblement au milieu d'une grêle de pierres et de coups de fusil qui partaient des cafés, des balcons et des fenêtres. Quand il s'arrêtait, c'était pour faire serrer les rangs ouverts par ceux qui tombaient, et pour regarder si ses guides de gauche se tenaient à leurs distances et à leurs chefs de file. Il n'avait pas tiré son épée et marchait la canne à la main. Les ordres lui étaient d'abord parvenus exactement ; mais, soit que les aides de camp fussent tués en route, soit que l'état-major ne les eût pas envoyés, il fut laissé, dans la nuit du 28 au 29, sur la place de la Bastille, sans autre instruction que de se retirer sur Saint-Cloud en détruisant les barricades sur son chemin. Ce qu'il fit sans tirer un coup de fusil. Arrivé au pont d'Iéna, il s'arrêta pour faire l'appel de sa compagnie. Il lui manquait moins de monde qu'à toutes celles de la Garde qui avaient été détachées, et ses hommes était aussi moins fatigués. Il avait eu l'art de les faire reposer à propos et à l'ombre, dans ces brûlantes journées, et de leur trouver, dans les casernes abandonnées, la nourriture que refusaient les maisons ennemies;

la contenance de sa colonne était telle, qu'il avait trouvé déserte chaque barricade et n'avait eu que la peine de la faire démolir.

Il était donc debout, à la tête du pont d'Iéna, couvert de poussière, et secouant ses pieds ; il regardait, vers la barrière, si rien ne gênait la sortie de son détachement, et désignait des éclaireurs pour envoyer en avant. Il n'y avait personne dans le Champ-de-Mars, que deux maçons qui paraissaient dormir, couchés sur le ventre, et un petit garçon d'environ quatorze ans, qui marchait pieds nus et jouait des castagnettes avec deux morceaux de faïence cassée. Il les râclait de temps en temps sur le parapet du pont, et vint ainsi, en jouant, jusques à la borne où se tenait Renaud. Le capitaine montrait en ce moment les hauteurs de Passy avec sa canne. L'enfant s'approcha de lui, le regardant avec de grands yeux étonnés, et tirant de sa veste un pistolet d'arçon, il le prit des deux mains et le dirigea vers la poitrine du capitaine. Celui-ci détourna le coup avec sa canne, et l'enfant ayant fait feu, la balle porta dans le haut de la cuisse. Le capitaine tomba assis, sans dire mot, et regarda avec pitié ce singulier ennemi. Il vit ce jeune garçon qui tenait toujours son arme des deux mains et demeurait tout effrayé de ce qu'il avait fait. Les grenadiers étaient en ce moment appuyés tristement sur leurs fusils; ils ne daignèrent pas faire un geste contre ce petit drôle. Les uns soulevèrent leur capitaine, les autres se contentèrent de tenir cet enfant par le bras et de l'amener à celui qu'il avait blessé. Il se mit à fondre en larmes; et quand il vit le sang couler à flots de la blessure de l'officier sur son pantalon blanc, effrayé de cette boucherie, il s'évanouit. On emporta en même temps l'homme et l'enfant dans une petite maison proche de Passy, où tous deux étaient encore. La colonne, conduite par le lieutenant, avait poursuivi sa route pour Saint-Cloud, et quatre grenadiers, après avoir quitté leurs uniformes, étaient restés dans cette maison hospitalière à soigner leur vieux commandant. L'un (celui qui me parlait) avait pris de l'ouvrage comme ouvrier armurier à Paris, d'autres comme maîtres d'armes, et, apportant leur journée au capitaine, ils l'avaient empêché de manquer de soins jusqu'à ce jour. On l'avait amputé; mais la fièvre était ardente et mauvaise; et comme il craignait un redoublement dangereux, il m'envoyait chercher. Il n'y avait pas de temps à perdre. Je partis sur-le-champ avec le digne soldat qui m'avait raconté ces détails les yeux humides et la voix tremblante, mais sans murmure, sans injure, sans accusation, répétant seulement : C'est un grand malheur pour nous.

Le blessé avait été porté chez une petite marchande qui était veuve et qui vivait seule dans une petite boutique et dans une rue écartée du village, avec des enfants en bas-âge. Elle n'avait pas eu la crainte, un seul moment, de se compromettre, et personne n'avait eu l'idée de l'inquiéter à ce sujet. Les voisins, au contraire, s'étaient empressés de l'aider dans les soins qu'elle prenait du malade. Les officiers de santé qu'on avait appelés ne l'ayant pas jugé transportable, après l'opération, elle l'avait gardé, et souvent elle avait passé la nuit près de son lit. Lorsque j'entrai, elle vint au devant de moi avec un air de reconnaissance et de timidité qui me firent peine. Je sentis combien d'embarras à la fois elle avait cachés par bonté naturelle et par bienfaisance. Elle était fort pâle, et ses yeux étaient rougis et fatigués. Elle allait et venait vers une arrière-boutique très-étroite que j'apercevais de la porte, et je vis, à sa précipitation, qu'elle arrangeait la petite chambre du blessé et mettait une sorte de coquetterie à ce qu'un étranger la trouvât convenable. — Aussi j'eus soin de ne pas marcher vite, et je lui donnai tout le temps dont elle eut besoin.

— Voyez, monsieur, il a bien souffert, allez ! me dit-elle en ouvrant la porte.

Le capitaine Renaud était assis sur un petit lit à rideaux de serge, placé dans un coin de la chambre, et plusieurs traversins soutenaient son corps. Il était d'une maigreur de squelette, et les pommettes des joues d'un rouge ardent ; la blessure de son front était noire. Je vis qu'il n'irait pas loin, et son sourire me le dit aussi. Il me tendit la main et me fit signe de m'asseoir. Il y avait à sa droite un jeune garçon qui tenait un verre d'eau gommée et le remuait avec la cuillère. Il se leva et m'apporta sa chaise. Renaud le prit, de son lit, par le bout de l'oreille, et me dit doucement, d'une voix affaiblie :

— Tenez, mon cher, je vous présente mon vainqueur.

Je haussai les épaules, et le pauvre enfant baissa les yeux en rougissant. — Je vis une grosse larme rouler sur sa joue.

— Allons! allons! dit le capitaine en passant la main dans ses cheveux. Ce n'est pas sa faute. Pauvre garçon ! il avait rencontré deux hommes qui lui avaient fait boire de l'eau-de-vie, l'avaient payé, et l'avaient envoyé me tirer son coup de pistolet. Il a fait cela comme il aurait jeté une bille au coin de la borne. — N'est-ce pas, Jean ?

Et Jean se mit à trembler et prit une expression de douleur si déchirante qu'elle me toucha. Je le regardai de plus près : c'était un fort bel enfant.

— C'était bien une bille aussi, me dit la jeune marchande. Voyez, monsieur. — Et elle me montrait une petite bille d'agate, grosse comme les plus fortes balles de plomb, et avec laquelle on avait chargé le pistolet de calibre qui était là.

— Il n'en faut pas plus que cela pour retrancher une jambe d'un capitaine, me dit Renaud.

— Vous ne devez pas le faire parler beaucoup, me dit timidement la marchande.

Renaud ne l'écoutait pas :

— Oui, mon cher, il ne me reste pas assez de jambe pour y faire tenir une jambe de bois.

Je lui serrais la main sans répondre; humilié de voir que, pour tuer un homme qui avait tant vu et tant souffert, dont la poitrine était bronzée par vingt campagnes et dix blessures, éprouvée à la glace et au feu, passée à la baïonnette et à la lance, il n'avait fallu que le soubresaut d'une de ces grenouilles des ruisseaux de Paris qu'on nomme : *gamins*.

Renaud répondit à ma pensée. Il pencha sa joue sur le traversin, et me serrant la main :

— Nous étions en guerre, me dit-il ; il n'est pas plus assassin que je ne le fus à Reims, moi. Quand j'ai tué l'enfant russe, j'étais peut-être aussi un assassin? — Dans la grande guerre d'Espagne, les hommes qui poignardaient nos sentinelles ne se croyaient pas des assassins, et, étant en guerre, ils ne l'étaient peut-être pas. Les catholiques et les huguenots s'assassinaient-ils ou non? — De combien d'assassinats se compose une grande bataille? — Voilà un des points où notre raison se perd et ne sait que dire. C'est la guerre qui a tort et non pas nous. Je vous assure que ce petit bonhomme est fort doux et fort gentil, il lit et écrit déjà très-bien. C'est un enfant trouvé. — Il était apprenti menuisier. — Il n'a pas quitté ma chambre depuis quinze jours, et il m'aime beaucoup, ce pauvre garçon. Il annonce des dispositions pour le calcul ; on peut en faire quelque chose.

Comme il parlait plus péniblement et s'approchait de mon oreille, je me penchai, et il me donna un petit papier plié qu'il me pria de parcourir. J'entrevis un court testament par lequel il laissait une sorte de métairie misérable qu'il possédait, à la pauvre marchande qui l'avait recueilli, et, après elle, à Jean, qu'elle devait faire élever, sous condition qu'il ne serait jamais militaire ; il stipulait la somme de son remplacement, et donnait ce petit bout de terre pour asile à ses quatre vieux grenadiers. Il chargeait de tout cela un notaire de sa province. Quand j'eus le papier dans les mains, il parut plus tranquille et prêt à s'assoupir. Puis il tressaillit, et, rouvrant les yeux, il me pria de prendre et de garder sa canne de jonc.— Ensuite il s'assoupit encore. Son vieux soldat secoua la tête et lui prit une main. Je pris l'autre que je sentis glacée. Il dit qu'il avait froid aux pieds, et Jean coucha et appuya sa petite poitrine d'enfant sur le lit pour le réchauffer. Alors le capitaine Renaud commença à tâter ses draps avec les mains, disant qu'il ne les sentait plus, ce qui est un signe fatal. Sa voix était caverneuse. Il porta péniblement une main à son front, regarda Jean attentivement, et dit encore :

— C'est singulier ! — Cet enfant-là ressemble à l'enfant russe ! Ensuite il ferma les yeux, et, me serrant la main avec une présence d'esprit renaissante.

— Voyez-vous ! me dit-il, voilà le cerveau qui se prend, c'est la fin.

Son regard était différent et plus calme. Nous comprîmes cette lutte d'un esprit ferme qui se jugeait contre la douleur qui l'égarait, et ce spectacle, sur un grabat misérable, était pour moi plein d'une majesté solennelle. Il rougit de nouveau et dit très-haut :

— Ils avaient quatorze ans... — tous deux... — Qui sait si ce n'est pas cette jeune âme revenue dans cet autre corps pour se venger?...

Ensuite il tressaillit, il pâlit, et me regarda tranquillement et avec attendrissement :

— Dites-moi!... ne pourriez-vous me fermer la bouche? Je crains de parler... on s'affaiblit... Je ne voudrais plus parler... J'ai soif.

On lui donna quelques cuillerées, et il dit :

— J'ai fait mon devoir. Cette idée-là fait du bien.

Et il ajouta :

— Si le pays se trouve mieux de tout ce qui s'est fait, nous n'avons rien à dire; mais vous verrez...

Ensuite il s'assoupit et dormit une demi-heure environ. Après ce temps, une femme vint à la porte timidement, et fit signe que le chirurgien était là ; je sortis sur la pointe du pied pour lui parler, et, comme j'entrais avec lui dans le petit jardin, m'étant arrêté auprès d'un puits pour l'interroger, nous entendîmes un grand cri. Nous courûmes et nous vîmes un drap sur la tête de cet honnête homme, qui n'était plus...

X

CONCLUSION

X

CONCLUSION

L'époque qui m'a laissé ces souvenirs épars est close aujourd'hui. Son cercle s'ouvrit en 1814 par la bataille de Paris, et se ferma par les trois jours de Paris, en 1830. C'était le temps où, comme je l'ai dit, l'armée de l'Empire venait expirer dans le sein de l'armée naissante alors, et mûrie aujourd'hui. Après avoir, sous plusieurs formes, expliqué la nature et plaint la condition du Poëte dans notre société, j'ai voulu montrer ici celle du Soldat, autre Paria moderne.

Je voudrais que ce livre fût pour lui ce qu'était pour un soldat romain un autel à la Petite Fortune.

Je me suis plu à ces récits, parce que je mets au-dessus de tous les dévouements celui qui ne cherche pas à être regardé. Les plus illustres sacrifices ont quelque chose en eux qui prétend à l'illustration et que l'on ne peut s'empêcher d'y voir malgré soi-même. On voudrait en vain les dépouiller de ce caractère qui vit en eux et fait comme leur force et leur soutien, c'est l'os de leurs chairs et la moelle de leurs os. Il y avait peu-être quelque chose du combat et du spectacle qui fortifiait les Martyrs; le rôle était si grand dans cette scène, qu'il pouvait doubler l'énergie de la sainte victime. Deux idées soutenaient ses bras de chaque côté, la canonisation de la terre et la béatification du ciel. Que ces immolations antiques à une conviction sainte soient adorées pour toujours ; mais ne méritent-ils pas d'être aimés, quand nous les devinons, ces dévouements ignorés qui ne cherchent même pas à se faire voir de ceux qui en sont l'objet ; ces sacrifices modestes, silencieux, sombres, abandonnés, sans espoir de nulle couronne humaine ou divine ; — ces muettes résignations dont les exemples, plus multipliés qu'on ne le croit, ont en eux un mérite si puissant, que je ne sais nulle vertu qui leur soit comparable?

Ce n'est pas sans dessein que j'ai essayé de tourner les regards de l'Armée vers cette GRANDEUR PASSIVE, qui repose toute dans l'*abnégation* et la *résignation*. Jamais elle ne peut être comparable en éclat à la Grandeur de l'action où se développent largement d'énergiques facultés ; mais elle sera longtemps la seule à laquelle puisse prétendre l'homme armé, car il est armé presque inutilement aujourd'hui. Les Grandeurs éblouissantes des conquérants sont peut-être éteintes pour toujours. Leur éclat passé s'affaiblit, je le répète, à mesure que s'accroît, dans les esprits, le dédain de la guerre, et, dans les cœurs, le dégoût de ses cruautés froides. Les Armées permanentes embarrassent leurs maîtres. Chaque souverain regarde son Armée tristement ; ce colosse assis à ses pieds, immobile et muet, le gêne et l'épouvante ; il n'en sait que faire, et craint qu'il ne se tourne contre lui. Il le voit dévoré d'ardeur et ne pouvant se mouvoir. Le besoin d'une circulation impossible ne cesse de tourmenter le sang de ce grand corps, ce sang qui ne se répand pas et bouillonne sans cesse. De temps à autre, des bruits de grandes guerres s'élèvent et grondent comme un tonnerre éloigné ; mais ces nuages impuissants s'évanouissent, ces trombes se perdent en grains de sable, en traités, en protocoles, que sais-je ! — La philosophie a heureusement rapetissé la guerre ; les négociations la remplacent ; la mécanique achèvera de l'annuler par ses inventions.

Mais en attendant que le monde, encore enfant, se délivre de ce jouet féroce, en attendant cet accomplissement bien lent, qui me semble infaillible, le Soldat, l'homme des Armées, a besoin d'être consolé de la rigueur de sa condition. Il sent que la Patrie, qui l'aimait à cause des gloires dont il la couronnait, commence à le dédaigner pour son oisiveté, ou le haïr à cause des guerres civiles dans lesquelles on l'emploie à frapper sa mère. — Ce Gladiateur, qui n'a plus même les applaudissements du cirque, a besoin de prendre confiance en lui-même, et nous avons besoin de le plaindre pour lui rendre justice, parce que, je l'ai dit, il est aveugle et muet; jeté où l'on veut qu'il aille, en combattant aujourd'hui telle cocarde, il se demande s'il ne la mettra pas demain à son chapeau.

Quelle idée le soutiendra, si ce n'est celle du Devoir et de la parole jurée ? Et dans les incertitudes de sa route, dans ses scrupules et ses repentirs pesants, quel sentiment doit l'enflammer et peut l'exalter dans nos jours de froideur et de découragement?

Que nous reste-t-il de sacré?

Dans le naufrage universel des croyances, quels débris où se puissent rattacher encore les mains généreuses? Hors l'amour du *bien-être* et du luxe d'un jour, rien ne se voit à la surface de l'abîme. On croirait que l'égoïsme a tout submergé; ceux même qui cherchent à sauver les âmes et qui plongent avec courage se sentent prêts à être engloutis. Les chefs des partis politiques prennent aujourd'hui le Catholicisme comme un mot d'ordre et un drapeau; mais quelle foi ont-ils dans ses merveilles, et comment suivent-ils sa loi dans leur vie? — Les artistes le mettent en lumière comme une précieuse médaille, et se plongent dans ses dogmes comme dans une source épique de poésie; mais combien y en a-t-il qui se mettent à genoux dans l'église qu'ils décorent? — Beaucoup de philosophes embrassent sa cause et la plaident, comme des avocats généreux celle d'un client pauvre et délaissé; leurs écrits et leurs paroles aiment à s'empreindre de ses couleurs et de ses formes, leurs livres aiment à s'orner de dorures gothiques, leur travail entier se plaît à faire serpenter, autour de la croix, le labyrinthe habile de leurs arguments ; mais il est rare que cette croix soit à leur côté dans la solitude. — Les hommes de guerre combattent et meurent sans presque se souvenir de Dieu. Notre Siècle sait qu'il est ainsi, voudrait être autrement et ne le peut pas. Il se considère d'un œil morne, et aucun autre n'a mieux senti combien est malheureux un siècle qui se voit.

A ces signes funestes, quelques étrangers nous ont crus tombés dans un état semblable à celui du Bas-Empire, et des hommes graves se sont demandé si le caractère national n'allait pas se perdre pour toujours. Mais ceux qui ont su nous voir de plus près ont remarqué ce caractère de mâle détermination qui survit en nous à tout ce que le frottement des sophismes a usé déplorablement. Les actions viriles n'ont rien perdu, en France, de leur vigueur antique. Une prompte résolution gouverne des sacrifices aussi grands, aussi entiers que jamais. Plus froidement calculés, les combats s'exécutent avec une violence savante. — La moindre pensée produit des actes aussi grands que jadis la foi la plus fervente. Parmi nous, les croyances sont faibles, mais l'homme est fort. Chaque fléau trouve cent Belzunces. La jeunesse actuelle ne cesse de défier la mort par devoir ou par caprice, avec un sourire de Spartiate, sourire d'autant plus grave que tous ne croient pas au festin des dieux.

Oui, j'ai cru apercevoir sur cette sombre mer un point qui m'a paru solide. Je l'ai vu d'abord avec incertitude, et, dans le premier moment, je n'y ai pas cru. J'ai craint de l'examiner, et j'ai longtemps détourné de lui mes yeux. Ensuite, parce que j'étais tourmenté du souvenir de cette première vue, je suis revenu malgré moi à ce point visible, mais incertain. Je l'ai approché, j'en ai fait le tour, j'ai vu sous lui et au-dessus de lui, j'y ai posé la main, je l'ai trouvé assez fort pour servir d'appui dans la tourmente, et j'ai été rassuré.

Ce n'est pas une foi neuve, un culte de nouvelle invention, une pensée confuse; c'est un sentiment né avec nous, indépendant des temps, des lieux et même des religions; un sentiment fier, inflexible, un instinct d'une incomparable beauté, qui n'a trouvé que dans les temps modernes un nom digne de lui, mais qui déjà produisait de sublimes grandeurs dans l'antiquité, et la fécondait comme ces beaux fleuves qui, dans leur source et leurs premiers détours, n'ont pas encore d'appellation. Cette foi, qui me semble rester à tous encore et régner en souveraine dans les armées, est celle de l'Honneur.

Je ne vois point qu'elle se soit affaiblie

et que rien l'ait usée. Ce n'est point une idole, c'est, pour la plupart des hommes, un dieu et un dieu autour duquel bien des dieux supérieurs sont tombés. La chute de tous leurs temples n'a pas ébranlé sa statue.

Une vitalité indéfinissable anime cette vertu bizarre, orgueilleuse, qui se tient debout au milieu de tous nos vices, s'accordant même avec eux au point de s'accroître de leur énergie. — Tandis que toutes les Vertus semblent descendre du ciel pour nous donner la main et nous élever, celle-ci paraît venir de nous-mê-

mes et tendre à monter jusqu'au ciel. —
C'est une vertu tout humaine que l'on
peut croire née de la terre, sans palme céleste après la mort ; c'est la vertu de la vie.

Telle qu'elle est, son culte, interprété
de manières diverses, est toujours incontesté. C'est une Religion mâle, sans symbole et sans images, sans dogme et sans
cérémonies, dont les lois ne sont écrites
nulle part ; — et comment se fait-il que
tous les hommes aient le sentiment de sa
sérieuse puissance? Les hommes actuels,
les hommes de l'heure où j'écris, sont
sceptiques et ironiques pour toute chose

hors pour elle. Chacun devient grave lorsque son nom est prononcé. — Ceci n'est point théorie, mais observation. — L'homme, au nom d'Honneur, sent remuer quelque chose en lui qui est comme une part de lui-même, et cette secousse réveille toutes les forces de son orgueil et de son énergie primitive. Une fermeté invincible le soutient contre tous et contre lui-même à cette pensée de veiller sur ce tabernacle pur, qui est dans sa poitrine comme un second cœur où siégerait un dieu. De là lui viennent des consolations intérieures d'autant plus belles qu'il c ignore la source et la raison véritables ; de là aussi des révélations soudaines du Vrai, du Beau, du Juste : de là une lumière qui va devant lui.

L'Honneur, c'est la conscience, mais la conscience exaltée. — C'est le respect de soi-même et de la beauté de sa vie portée jusqu'à la plus pure élévation et jusqu'à la passion la plus ardente. Je ne vois, il est vrai, nulle unité dans son principe ; et toutes les fois que l'on a entrepris de le définir, on s'est perdu dans les termes ; mais je ne vois pas qu'on ait été plus précis dans la définition de Dieu. Cela prouve-t-il contre une existence que l'on sent universellement?

C'est peut-être là le plus grand mérite de l'Honneur d'être si puissant et toujours beau, quelle que soit sa source!... Tantôt il porte l'homme à ne pas survivre à un affront, tantôt à le soutenir avec un éclat et une grandeur qui le réparent et en effacent la souillure. D'autres fois il sait cacher ensemble l'injure et l'expiation. En d'autres temps il invente de grandes entreprises, des luttes magnifiques et persévérantes, des sacrifices inouïs, lentement accomplis, et plus beaux par leur patience et leur obscurité que les élans d'un enthousiasme subit ou d'une violente indignation ; il produit des actes de bienfaisance que l'évangélique charité ne surpassa jamais ; il a des tolérances merveilleuses, de délicates bontés, des indulgences divines et de sublimes pardons. Toujours et partout il maintient dans toute sa beauté la dignité personnelle de l'homme.

L'Honneur, c'est la pudeur virile.

La honte de manquer de cela est tout pour nous. C'est donc la chose sacrée que cette chose inexprimable ?

Pesez ce que vaut, parmi nous, cette expression populaire, universelle, décisive et simple cependant : — Donner sa parole d'honneur.

Voilà que la parole humaine cesse d'être l'expression des idées seulement, elle devient la parole par expérience, la parole sacrée entre toutes les paroles, comme si elle était née avec le premier mot qu'ait dit la langue de l'homme ; et comme si, après elle, il n'y avait plus un mot digne d'être prononcé, elle devient la promesse de l'homme à l'homme, bénie par tous les peuples ; elle devient le serment même, parce que vous y ajoutez le mot : Honneur.

Dès lors, chacun a sa parole et s'y attache comme à sa vie. Le joueur a la sienne, l'estime sacrée, et la garde ; dans le désordre des passions, elle est donnée, reçue, et, toute profane qu'elle est, on la tient saintement. Cette parole est belle partout, et partout consacrée. Ce principe, que l'on peut croire inné, auquel rien n'oblige que l'assentiment intérieur de tous, n'est-il pas surtout d'une souveraine beauté lorsqu'il est exercé par l'homme de guerre !

La parole, qui trop souvent n'est qu'un mot pour l'homme de haute politique, devient un fait terrible pour l'homme d'armes ; ce que l'un dit légèrement ou avec perfidie, l'autre l'écrit sur la poussière avec son sang, et c'est pour cela qu'il est honoré de tous, par dessus tous, et que beaucoup doivent baisser les yeux devant lui.

Puisse, dans ses nouvelles phases, la plus pure des Religions ne pas tenter de nier ou d'étouffer ce sentiment de l'Honneur qui veille en nous comme une dernière lampe dans un temple dévasté !

qu'elle se l'approprie plutôt, et qu'elle l'unisse à ses splendeurs en la posant, comme une lueur de plus, sur son autel, qu'elle veut rajeunir. C'est là une œuvre divine à faire. — Pour moi, frappé de ce signe heureux, je n'ai voulu et ne pouvais faire qu'une œuvre bien humble et tout humaine, et constater simplement ce que j'ai cru voir de vivant encore en nous. — Gardons-nous de dire de ce dieu antique de l'Honneur que c'est un faux dieu, car la pierre de son autel est peut-être celle du Dieu inconnu. L'aimant magique de cette pierre attire et attache les cœurs d'acier, les cœurs des forts. — Dites si cela n'est pas, vous, mes braves compagnons, vous à qui j'ai fait ces récits, ô nouvelle Légion thébaine, vous dont la tête se fit écraser sur cette pierre du Serment, dites-le, vous tous, Saints et Martyrs de la religion de l'Honneur.

Écrit à Paris, 20 août 1835.

FIN

TABLE

I. — 1
II. — Une Nuit mémorable. 11
III. — Malte. 39
IV. — Simple lettre. 55
V. — Le Dialogue inconnu. 79
VI. — Un Homme de mer. 129
VII. — Réception. 207
VIII. — Le Corps-de-garde russe. 217
IX. — Une Bille. 255
X. — Conclusion. 283

www.ingramcontent.com/pod-product-compliance
Lightning Source LLC
Chambersburg PA
CBHW071506160426
43196CB00010B/1444